日本のスポーツビジネスが世界に通用しない本当の理由

葦原一正

光文社新書

PROLOGUE

5つのキーワード

日本のプロスポーツは、この20年で大きく変化した。

１９９３年にサッカーがプロ化してＪリーグとなり、２０１６年にＢリーグが誕生し、翌２０１７年に卓球のＴリーグがスタートした。バレーボールは２０１８年10月開幕の２０１８〜２０１９シーズンから、Ｖリーグとして試合が行なわれている。

企業の福利厚生としての起源を持つたくさんのスポーツが、世界のトップリーグになることを目指してプロ化、あるいはそれに近い環境を整え、競技レベルの向上をはかっている。競技の垣根を越えたスポーツ文化の振興を志し、地域社会とのつながりを深めていくなど、スポーツ自体の価値を高めることに意欲的なチームは多い。それはつまり、スポーツが「誰にとっても必要なもの」で、「どこにでもあるべきもの」となっていくことなのだろう。

日本におけるスポーツ文化は、一見すると豊かになっているように映る。しかし、私自身の肌感覚では、四歩進んで五歩戻ったという印象が否めない。この５年、10年で一体何が進んだのか、何が本質的に変わったのだろうか、というのが率直な思いなのだ。

私は外資系戦略コンサルティングファームで４年間働き、２００７年にプロ野球のオリックス・バファローズに転職した。

オリックスで何でも屋のように働きながら、パシフィックリーグマーケティング株式会社（ＰＬＭ）でも勉強をさせてもらった。これはパ・リーグ加盟の6球団の共同出資によるもので、6球団の公式サイト、携帯サイトの企画、運営、管理などを手掛ける。この合弁企業でも、様々なことを学ばせてもらった。

オリックス・バファローズには5年在籍し、２０１２年から横浜ＤｅＮＡベイスターズに職場を移した。横浜ベイスターズからオーナー会社が変わったばかりの球団で、社長室長として事業戦略の立案やプロモーション関連の業務を担当した。

そして、２０１５年からジャパン・プロフェッショナル・バスケットボールリーグに入社し、常務理事と事務局長の肩書でＢリーグの立ち上げに関わった。２０１６年からは、公益財団法人日本バスケットボール協会（ＪＢＡ）の理事を拝命した。ＪＢＡはバスケットボールの各種連盟や認定団体を統括する組織であり、サッカー界で言えばＪＢＡが日本サッカー協会（ＪＦＡ）、ＢリーグがＪリーグにあたる。

さらに２０１９年からは、東アジアバスケットボール協会の理事も務めてきた。北米男子プロバスケットボールリーグ（ＮＢＡ）で活躍した中国のスーパースター姚明《ヤオミン》とも、様々な会議を通して知り合うことができた。中国バスケットボール協会会長である彼は、広い視野を持ってビジネスを語れる人物だ。アジアのバスケットボールを発展させたいという私との共通の目標があり、様々な意見を交わしていた。

現状では独立して、スポーツビジネスに関するコンサルティングを行なっている。前職に在籍時は、他競技団体からいろいろな相談を持ちかけられてもなかなか動けなかったが、今では肩書がない分、自由に動けている。引き続き日本のスポーツビジネスに携わる毎日だ。

スポーツビジネスは、私にとって天職だと思っている。

そして誤解を恐れずに言えば、世の中でとらえられているスポーツビジネス像は現実からかけ離れているものばかりだ。

スポーツビジネスは特殊？　いや、何1つ特殊ではない。

プロスポーツの球団は赤字だらけ？　そうでは、ない。

そのスポーツが盛り上がるには、スーパースターが不可欠？　絶対要件ではないと、はっきり言える。

プロスポーツは勝たなければ意味がない？　これはもう、完全な思い込みだ。勝つだけではダメだ。

収益では観客動員数がいちばん大事？　間違いではないが、もっと大事なことがある。

２０１６年のリオデジャネイロオリンピックで、もっとも多くのメダルを獲得したのはアメリカだった。金、銀、銅の合計で１２１個を数えた。２位は70個の中国、３位は67個のイギリス、４位は56個のロシアで、５位には42個のドイツとフランスが並ぶ。

日本は41個で７位だった。２０１２年のロンドンオリンピックの38を上回る過去最多の個数を記録し、２０２０年の東京オリンピックでは金メダルだけで史上最多の30個を目標としていた。「金メダルだけで30個を獲得できれば、メダルの総数も増えるだろう」と関係者は見ていた。

２０２１年に延期された東京オリンピックで、日本選手団の選手（あるいは団体）が続々と表彰台の真ん中に立ったら、国内は大いに沸き上がるだろう。

多くの競技団体にとって、オリンピックは最高レベルの舞台だ。競技人生のすべてを注いで挑む、という選手も多い。

しかし、スポーツがその国の文化として根づいていくには、４年に１度のオリンピックという「点」で成果をあげることはもちろん、日々の大会という「線」でも好成績を残していくための強化、さらには継続的に結果を残すための育成や普及が欠かせない。

指導者と選手の頑張りだけでは、乗り越えられるハードルにも限りがある。環境面や資金面からの支えも、スポーツが持続的に成長していく条件だ。そのためには、スポーツをしっかり「ビジネス」として考えていかなければならないだろう。

バスケットボール界を離れてから、自分自身で調整できる時間が増えた。他の競技団体から相談を受ける機会も増えた。これからどんな競技団体に関わっていくにせよ、ここで一度蓄積してきた知見をまとめようと考えた。

「なぜ、うちのスポーツはうまくいかないと思いますか？」

相談をされた時に、必ず受ける質問だ。そして次には、

「やはりスーパースターが必要ですよね？」

「代表が弱いからですよね？」

とたいていの人が口にする。

違う。選手たちは頑張っているし、彼らに罪はない。

日本のスポーツビジネスが世界に通用しないのは、他に理由がある。

私は、これからの日本スポーツビジネスのメイントピックは5つだと思っている。
それは、「Governance」（Chapter 01）、「Professional」（Chapter 02）、「Arena」（Chapter 03）、「Global」（Chapter 04）、「Engagement」（Chapter 05）。この5つをテーマに、以降の各章で私の今思っているところや問題意識を1つずつ詳細に記していきたいと思う。Chapter 06では、この5つを踏まえて社会におけるスポーツの未来について考えた。

スポーツビジネスの世界で生きている人、これからスポーツビジネスの世界を志す人に読んでもらいたいのはもちろんだが、スポーツに興味のないビジネスマンにも手に取ってもらえたら嬉しい。

私と異なる視点でスポーツビジネスをとらえている人も、もちろんいるだろう。それで構わない。先ほどの5つの頭文字をつなげると「PAGE」だ（図1）。これからの日本のスポーツビジネスの新しい1ページをみなさんと創っていきたい。本書がきっかけで議論が起こり、結果的に少しでも日本のスポーツが成熟していく手助けになればと思っている。

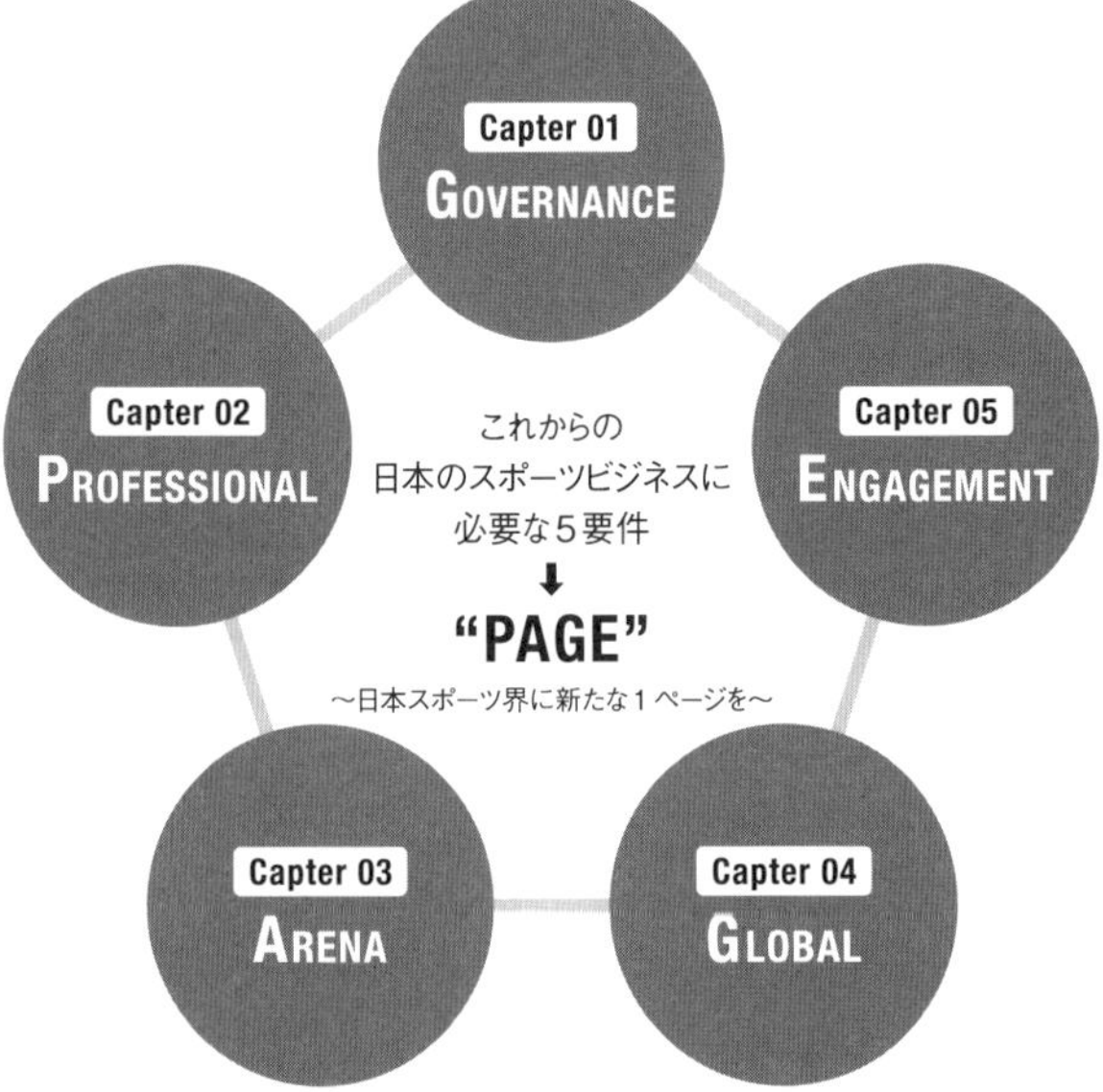

図1　これからの日本のスポーツビジネスに必要なもの

日本のスポーツビジネスが世界に通用しない本当の理由／目次

構成　戸塚 啓
図版作成　椚田祥仁
目次・章扉デザイン　On-Point Design
画像提供　AFLO

Chapter
01

GOVERNANCE

―スポーツビジネスの基本について話そう―

「勝利」と「経営」は別物

最初にはっきりとさせておきたいことがある。

スポーツビジネスとは何なのか、だ。

ひと言でまとめれば、「スポーツに関連したビジネス」である。誰もが思い浮かべるのはプロスポーツチームの運営、スポーツ新聞や雑誌などの関連メディア、スポーツ選手のマネジメントなどだろうが、スポーツ用品メーカー、スポーツショップ、スポーツジム、スポーツ教室なども「スポーツに関連したビジネス」に含まれるだろう。また、スポーツが開催されるスタジアムやアリーナなどで働く人も、スポーツビジネスの従事者である。デジタル化が進んでいる現在では、大会や試合を分析するビジネスにもニーズが集まっている。

本書で述べていくのは、「プロスポーツチームのビジネス」である。野球でも、サッカーでも、バスケットボールでも、球団やクラブは試合をしているだけではない。会社としての収益を上げるために、時代のニーズに合わせた様々なビジネスを展開している。

収益構造はチケット収入、放映権収入、グッズなどの物販収入、スポンサー収入の４つになる。プロスポーツはアマチュアよりレベルの高い「技術」や「戦術」、それらによって生み出される「夢」や「感動」といったものまで販売する特殊な業態だが、目に見えるものもしっかりと商材にしているのだ。

PROLOGUEでも触れたように、プロスポーツチームのビジネスは何ら特殊ではない。営業戦略はマーケティングに基づいているし、サービス業や飲食業と同じようにターゲット層を絞りもしている。事業戦略を描けなければ、ビジネスとしては成り立たない。

たとえばプロ野球の場合、親会社が赤字を補填《ほてん》してくれるのでは、といった認識を抱かれがちだ。主力選手の年俸は数億円で、フリーエージェントを宣言した選手には数十億円の複数年契約が提示されたりする一方で、目に見える露出が必ずしも多いわけではない。「選手たちに支払われる高額の年俸は、親会社が出してくれているのか」との疑問を抱かせるかもしれないが、多くの球団は、経営的に自立しつつある。

他でもないスポーツ関係者の間にも、プロスポーツというビジネスへの根深い誤解がある。プロスポーツなのだから、勝たなければ意味がない――。これまで仕事をしてきたプロ野球とBリーグの界隈で、何度この言葉を聞いただろう。その他の競技団体の関係者と顔を合わせても、「お客さんを集めるには、やはり勝たなければいけないのでしょうか？」と質問を受けた。何度も、何度も、である。

リーグとナショナルチームの関係では、勝つことの波及効果はある。サッカー日本代表は分かりやすいだろう。ワールドカップイヤーに開催されるＪリーグは、「日本代表選手を観たい」という理由から観客動員数が伸びる。とはいえ、ナショナルチームの勝利によって関心を喚起し続けるのには、持続力に限界がある。

２０１１年のサッカー女子ワールドカップで、なでしこジャパンこと日本女子代表が世界一に輝いた。女子サッカーだけでなく女子スポーツ界に、もっと言えば日本スポーツ界に金字塔を打ち立てた。

それでは、代表選手たちがプレーする国内リーグはその後どうなったのか？

ワールドカップ直後のリーグ戦には、１万人以上の観客が詰めかけることもあった。「なでしこリーグ」と呼ばれる日本女子サッカーリーグに、新たなスポンサーがついた。しかし、このリーグがすぐにプロ化へ移行したわけでなく、世界各国から代表選手がやってくることもなかった。ワールドカップやオリンピックで好成績を収められなくなると、世間一般の注目度も萎《しぼ》んでいった。プロの女子リーグは、２０２１年９月にようやく開幕する。

サッカー女子ワールドカップから４年後の２０１５年には、ラグビーが大ブームを巻き起こした。

ワールドカップで日本代表が強豪の南アフリカを下し、五郎丸《ごろうまる》歩《あゆむ》選手というスターが生まれた。ワールドカップ直後の「ジャパンラグビートップリーグ」はたいへんな盛り上がりを見せ、過去最多となる49万人強の総入場者数を記録した。１開催平均では６４７０人だった。トップリーグは１つの会場で２試合行われることがあるので、１試合平均ではなく「１開催平均」となる。

しかし、ワールドカップの余熱は確実に冷めていった。翌シーズンは総入場者数が46万人に減少し、１開催平均は５０５９人となった。２０１９年のワールドカップで日本がベスト８入りを果たすまで、６０００人に戻ることはなかった。

プロ野球球団で働いていた時にもよく分析していたが、「勝利」と「動員」の相関性は決して高くない。たしかに「勝利」すれば、「露出」は拡大していくが、必ずしもそれが「動員」につながるわけではない。

私は、プロスポーツを日本に根づかせたい、と考えている。そのためにどのような価値基準を持つべきかを考えると、ナショナルチームにせよ、クラブチームにせよ、勝利は最重要事項ではない。十分条件ではなく、必要条件の1つにすぎない。この点が整理されないままの議論が、日本ではとても多い。

　球技には相手がいる。どちらか1チームしか、勝つことはできない。そして、運やツキが勝敗を分ける不確定要素として忍び込んでくる。自分たちのシュートがことごとくリングに嫌われるのに、相手のシュートはポンポン入ったりする。

　さらに言えば、実績十分の世界的な監督がワールドクラスの選手たちを率いても、試合に負けることがある。ずば抜けた強さを発揮するチームでも、リーグ戦を無敗で終えるのは不可能に近い。一発勝負のトーナメントでは、古今東西を問わずに番狂わせが起こる。

　つまり、勝利とは「あらかじめ保証できる商品」ではないのだ。プロスポーツで現場と言われるチームは、「どうやって負けるのか」を考えるべきで、フロントは勝てなくてもマネタイズできる戦略を打ち出さなければならない。クラブチームが収益を上げていくことと勝利を、直接的に結びつけて考えるべきではないのである。

必要なのはガバナンス

では、スポーツビジネスにおける最重要事項とは何か。

総論としての私の答えはいつも決まっている。「ガバナンス」だ。これはこの後の章のキーワードすべてに関わってくる考えだ。

スポーツチームでは、人事権や決裁権を持った人間が巨大な力を持つ、というケースが散見される。それはつまり、競技全体の利益が追求されていないことと同義だ。競技団体としての意思決定プロセスを明確にすれば、マイナースポーツだって盛り上がりを作っていける。少なくとも停滞からは抜け出せるのではないかと考える。

各論としての答えは、「思い込みを排除せよ」である。

「盛り上がるため、儲けるためには、お客さんをたくさん入れなければいけない」と考える人が圧倒的多数を占めているが、これは完全な思い込み、思い違いだ。たしかに動員数は大事な要素の1つではあるが、それがすべてではなく、もっと大事なものが存在する。

野球やサッカーは、スタジアムの収容人数が大きい。お客さんをたくさん集めれば収益が増え、空間の盛り上がりも生まれる。タイトルのかかった重要な試合は、チケットの単価を高くすることもできる。

それに対してマイナースポーツは、何万人も収容できる会場を使わない。しかも、人気に乏しいわけだから、チケット代が高いと足を運んでもらえない。

私の考えでは、マイナースポーツはあえてお客さんを集めないという発想があってもいいと思う。たとえば数百人サイズのキャパシティなら全員無料で招待して、とにかく会場を盛り上げてもらえる人だけに来てもらう。言わばテレビのスタジオ観覧者的位置づけであり、「お客様」ではなく、一緒にコンテンツを盛り上げてくれる「演者」の役割を担ってもらう。

そのうえで、人目を引く映像を作ってインスタグラムやツイッター、ＬＩＮＥやＹｏｕＴｕｂｅなどのＯＴＴ（オーバー・ザ・トップ）サービスで配信し、売る。ここで言う「人目を引く」の定義は、「ルールが分からなくても楽しめる」「メジャーかマイナーかは関係なくカッコいい（あるいはキレイな）映像」といったところだ。

スポーツにおけるＯＴＴビジネスの売上幅は大きいので、あえてそこを戦略的にロングテールの発想で攻めるという考えかたである。先日もカバディのプロリーグの映像をネット上で観たが、場内観覧エリア部分を暗くし、ピンスポットで競技エリア部分を当てて、成績表示やリプレイなどに最新映像テクノロジーを駆使した、見違えるほどのカッコいい世界が繰り広げられていて驚いた。決済を伴うサービスも、オンライン決済の選択肢が多様化しているので、ＳＮＳを身近に使っているユーザーなら困ることはない。

スタジアムに来る人がすべてではない、という考えかたには理由がある。

日本の人口は１億２５００万人とされているが、そのなかでバスケットボールに興味のある人は推定で７００万人だ。全体の10パーセントにも満たない。そのうち何人がアリーナで試合を観るかというと、Ｂ１では１試合平均の観客数が３０００人、Ｂ２は１試合平均が１５００人前後で、年間入場者数はコロナ前（２０１８～１９シーズン）で約２６０万人、ユニークユーザーベースで推計約１００万人にすぎない。

バスケットボールは好きだけどアリーナには行かない、あるいは行けないという人が６００万人近くいるのだ。アリーナで観ない人にどうやってバスケットボールを届けるのかを考えるほうが、ビジネスとしての優先順位は高いはずだ。Ｂリーグがスマートフォンを第一としたデジタルマーケティング戦略を掲げたのも、いつでも、どこでも見てもらえる環境を作るという発想から生まれたものだった。

ラグビー新リーグが成功するために欠かせないもの

２０２２年１月、日本のラグビーが新リーグとなる。

そのスタートは２０１９年11月、日本ラグビーフットボール協会内に立ち上げられた「新プロリーグ設立準備委員会」だった。アジアで初めて開催されたワールドカップが、日本代表のベスト８入りで成功裡に終わった直後のタイミングである。

その後の報道を追っていくと、「新プロリーグ」ではなく「新リーグ」になっていた。新たな法人の設立準備室は、「チームのプロ化を必ずしも求めない」という見解を示すようになる。

ラグビー界がプロ化、新リーグ化へ動き出したのは、それまで行なわれてきた社会人リーグ「ジャパンラグビートップリーグ」のままでは、持続的発展が難しいとの認識があったからだろう。

バスケットボールは１チーム５人、ハンドボールは７人、サッカーは11人で行なわれるが、ラグビーは15人だ。人数が多いうえに、ケガのリスクが他の競技より高い。

そのため、１チームは45人から50人で編成される。バスケットボールの３倍以上だ。しかも、ラグビー強豪国から有名な指導者や選手を迎えているチームも少なくない。彼らには数千万円単位の年俸が支払われる。

ラグビーチームを保有する企業は、年間15億円前後の運営費を負担している。業績が上がっているのならいいが、業績不振に陥ったら——。福利厚生や社内の士気高揚、自社の対外的宣伝と位置づけられるスポーツチームを、不確実性の高いなかで継続支援していけるだろうか。

Ｂリーグが２シーズン目を迎えた２０１７〜１８シーズンに、川崎ブレイブサンダースの経営権が東芝からＤｅＮＡへ譲渡された。東芝グループの経営危機が理由だった。チームは２０２１年現在も逞《たくま》しく存続しているが、どんな企業も、どんなチームも、同様のリスクを内包していると言っていい。

ましてこれからは、新型コロナウイルスと付き合っていかなければならない。ワクチンが開発されて感染が収束しても、企業の業績がコロナ以前に戻るかは不透明であるし、また新たなリスク案件が発生するかもしれない。そうであれば、少しでも自分の努力で稼いで、自走できる環境を作らないと、何か起きた時の経済的損失が大きすぎて、従来の企業スポーツ型モデルとしては続けていけないだろう。

昭和や平成のままのスポーツモデルを踏襲《とうしゅう》するのは、もはやナンセンスだ。サステナブルなスポーツのモデルにいくつかの方法があるなかで、ラグビーも退路を断つという意味でプロ化こそが最適解と考える。

ラグビー新リーグには、25チームが参入の意思を表明した。そのうち24チームは親会社を持つ。純粋なクラブチームは1つだけだ。

新リーグにチームを送り込む24の親会社が、「今後10〜20年は必ずチームを保有します」とコミットするなら、プロ化にこだわらなくてもいいかもしれない。しかし、プロチームとアマチュアチームがリーグ内に混在したりしたら、試合の運営1つとっても利害が対立する。かつてのバスケットボール界のような混乱に陥りかねない。より根本的な疑問として、10年以上の長期的なスパンでチームを保有できる企業があるかどうかに、私は小さくない不安を覚える。

そもそもリーグのガバナンスに、疑問符をつけたくなるところがある。

新リーグに参入するチームに課せられる要件の一部を、以下に抜粋する。

・組織要件として、事業機能を持つ。ホストゲームのチケット販売、大会の自主運営を目指す。
・チーム名に地域名を入れる。企業名をチーム名に入れることについては任意とする。
・ホームエリアを決める。
・施設要件として、１万５０００人を目途としたスタジアムを確保する。
・財務要件として、財務の可視化を目指すこと。
・組織体制として、世界最高峰リーグにふさわしい選手を獲得すること。

これらの要件を満たすことは、25のクラブにとってどれぐらいのハードルだろうか。

私の感覚では高くない。法人形態に関する事項はなく、「目指す」という表現が存在している。またスタジアム要件も「所有・運営」でなく、「確保」という表現にとどめている。

「世界最高峰のリーグにふさわしい選手」というあいまいな定義にしても、ワールドカップ出場経験のある各国代表クラスが、２０２１年１月に開幕予定だったトップリーグでプレーする。ラグビーワールドカップで世界に好印象を与えた日本の、それも新リーグとなれば、世界トップクラスの選手を招聘できるだろう。

多数のクラブが、要件をきちんと揃えるに違いない。そこで、どうやってディビジョンを振り分けるのか。25チームは３つのディビジョンに分けられるのだ。

ディビジョン１の上位チームは、おそらく誰でも納得できるだろう。その一方で、ディビジョン１で下位が想定されるチームと、ディビジョン２で上位を争うと思われるチームに、明確な実力差や経営力の差を見つけるのは難しい。

新リーグ法人準備室長で日本ラグビー協会の谷口真由美《たにぐちまゆみ》理事は、新リーグの直前に開催される２０２１年のトップリーグの成績を加味する考えもあるとして、ディビジョン１については「リーグの意図をきちんと理解し、リーグの発展、日本ラグビーの発展のために頑張ってくださるチーム、かつ強いチームで構成していきたいという意図はある」と説明する。現状では抽象的と言われてもしかたのない基準しか、用意できていないということである。

新リーグ法人準備室はもう一歩前へ出て、ガバナンスを強化していくべきだと思う。

「ガバナンス」と言うと様々なものを想起してしまうが、私からするとガバナンスとは「リーグの強いリーダーシップ」であり、「リーグとしてのアイデンティティの確立」である。

リーグから見ると、クラブ、ファン、選手、スポンサー、メディア、行政など多種多様なステークホルダー（利害関係者）が存在する。クラブの意見は尊重しつつも、それだけで意思決定しては、業界全体の視点や中長期視点からは適していないケースもある。リーグは、中長期的に「あらゆるステークホルダー」がハッピーになるように、能動的かつ独立的に展開していくべき機関なのである。

あるべき意思決定プロセスとは何か

こうしたスポーツビジネスを進めるうえでは、正しい意思決定プロセスがある。

リーグとクラブの関係は基本的に利益相反《りえきそうはん》だ。リーグにはリーグのステークホルダーが、クラブにはクラブのステークホルダーがいる。

たとえば、冠スポンサーのついたリーグ主管の大会を告知するために、リーグ側が中心選手を集めたイベントを企画する。チームの反応は様々だろう。自分たちにとっても宣伝になる、と考えるチームばかりではない。「選手のコンディション管理を優先して辞退したい」「中心選手ではなく若手ならいいけれど」といった声があがってもおかしくないものだ。

Bリーグは意思決定機関として「理事会」を設定した。クラブ側からは「我々の声がリーグに届かない」と言われることもあったが、理事会はリーグ内の5名、各クラブの社長のうち5名、外部識者5名の15名で構成されている。理事は、全クラブの社長が出席する会員総会で理事に選任される。また、各チームの社長は実行委員会を開き、様々な事柄を定期的に審議している。

クラブ側が声をあげる機会は確保されており、そのうえでリーグの方向性を最終的に理事会で決定していく、というのがBリーグのガバナンスである。

プロスポーツと言えばマーケティングが大事だ、ストラテジー（戦略）が重要だ、という声を聞く。

マーケティングは軽視できないが、私の考えでは成功のための必要条件の1つにすぎない。リーグやチームが打ち出す戦略にしても、極論すれば外注でいい。

まず自分たちでやるべきことは、ガバナンスを効かせることだ。

いま現在「1」の利益を「1・1倍」とか「1・2倍」にしたいのなら、チームごとの努力でも達成可能だ。しかし、「1」を「1・5倍」や「2倍」「10倍」にしたいのなら、当該競技の運営を主体とする独立したリーグ法人組織に機能を集約させ、意思決定をはかっていくべきである。チームに任せきりでは収益増に限界があるのだ。

プロスポーツの競合とは何か

プロスポーツを経済活動としてとらえると、日本のスポーツ界はコンペティター（競合他社）の定義を間違えている。

スポーツ関係者には、同じリーグのチームが競争相手だと考える人が多い。リーグ優勝を争うライバルだけに、そういった思考になるのだろう。

プロ野球の読売ジャイアンツの敵は、プロ野球の他球団ではない。Ｊリーグでも、Ｂリーグでもない。３つの競技団体が集まっても、４０００億円の市場規模でしかないからだ。

そのなかで顧客を奪い合うよりも、もっと大きな市場をコンペティターと位置づけるほうが、普通に考えればビジネスチャンスは大きい。

たとえば、スポーツにとって居酒屋はコンペティターだ。仕事終わりに同僚や友人と居酒屋の暖《の》簾《れん》をくぐるビジネスマンは、スポーツ観戦のターゲット層にも含まれる。仕事終わりにスタジアムやアリーナへ来てもらい、ビールで乾杯をしてもらうにはどうしたらいいのか、という発想がなければならない。

そのためには、チーム同士、リーグ同士、競技同士で争っている時間は、1秒でも惜しい。とくに首都圏は、休日の過ごしかたがたくさんある。スポーツ観戦以外にも、ショッピングモール、映画館、美術館、遊園地、あるいはトレッキングやキャンプなど、家族でもカップルでも楽しめる場所やアクティビティがいくらでもある。コロナ禍ではソロキャンプなる過ごしかたも定着した。競技を越えた連携を深めていかないと、そもそも小さなスポーツ市場など縮小されるばかりだ。

ホームタウンの近いプロ野球の球団とJリーグのクラブが、一緒にイベントを企画するといった取り組みはある。私自身もオリックスで働いていた当時に、関西のサッカーチームと連動したチケットの販売をした。実験的な取り組みだったのだが、想定していたほどの販売にはつながらなかった。私たちの仕掛けが良くなかったのかもしれないし、そもそも見込みが甘かったのかもしれない。あるいは、地域ロイヤリティよりも、クラブロイヤリティのほうが強かったのか。

他方でプロ野球とBリーグは、コラボレーション企画を進めている。北海道日本ハムファイターズとレバンガ北海道、阪神タイガースと西宮ストークス、福岡ソフトバンクホークスとライジングゼファー福岡などが、地域の活性化や相互振興を目的に連携している。

ただ、私の感覚ではもっとできると思っている。たとえば、デジタルマーケティングを積極活用すればもっとマーケットが広がっていくだろう。

Ｂリーグは「Ｂリーグ会員」として、Ｂ１、Ｂ２に所属する全36クラブ共通のデータベースシステムを構築している。各クラブのチケット会員、ファンクラブ会員、ＥＣ会員と連動しており、Ｂリーグに関するサービスは「Ｂリーグ会員」のＩＤで一括対応できる。

ＪリーグにはＪリーグＩＤ」がある。こちらもＪリーグの各種サービスで利用できる共通のサービスだ。Ｊリーグのチケットの購入などに利用できる。

スポーツが連携するのなら、競技ごとではなく１つのＩＤに統一できないだろうか。

全競技に共通するマーケティングのプラットフォームを作って、ファンには「日本スポーツＩＤ」を取得してもらい、プロ野球のチケットも、Ｊリーグのクラブのグッズでも、Ｂリーグのファンクラブも、すべて１つのＩＤで処理できたら、波及効果は絶大だ。

この日はこのエリアでプロ野球とＪリーグが行なわれ、当日券がどれぐらいあるのか、といった情報が一元化できれば、「プロ野球は当日券がないから、サッカーに行ってみようか」と考える人が出てくるかもしれない。新しい楽しみを生み出して、新規の顧客を相互に開拓できる期待があるし、何よりも顧客の利便性が増す。顧客満足度も高くなるだろう。

そのためには、スポーツ全体を統括する団体が必要だ。個人的には日本オリンピック委員会（ＪＯＣ）がその役割を担ってくれたら、と考えているのだが。

川淵三郎のリーダーシップ

繰り返しになるが、ストラテジーやマーケティングよりも、ガバナンスが重要である。

では、ガバナンスが優れていれば、すべてＯＫなのか。

そうでは、ない。

しっかりとした戦略が描けていても、リーダーシップがなければ何も変わらない。

Ｂリーグの立ち上げには川淵三郎《かわぶちさぶろう》さんがいた。最後にはきちんと決められる、力ずくでも推し進められる川淵さんがいたから、わずか１年半という準備期間で開幕にこぎ着けることができた。

川淵さんはこう表現する。リーダーは時に独裁者でいい。自らが率いる組織を正しく発展させるための理念を持ち、そのための手段が私利私欲によるものでなければ、独裁的に権限を発動させていい、と。

川淵さんはバスケットボール界から報酬を得ていなかった。「１円ももらっていないよ」と、笑いながらよく話していた。バスケットボール界を救いたいという真っすぐな思いを、エネルギーに変えていた。

リーダーの必要条件は２つだ。揺るぎない信念と、それを裏づける理論武装である。

川淵さんは「今までがどうとかとは、絶対に言うな」と私たちに説いた。前例に縛られるな、ということである。

川淵さんはとてつもなく遠いところ、たいていの人はできないと考えるところに目標となる石を置く。サッカーならプロリーグを創る、バスケットボールなら５０００人収容のアリーナを持とう、といったことだ。「たとえ常識に反しても、新しいことをやるなら考えかたを１８０度変えるべきだ」というのが持論だった。

石が置かれてしまった以上、部下たる我々は動き出すしかない。私たちが思案顔を浮かべていると、川淵さんは「立ち止まるな、走りながら考えればいい」と諭《さと》したものだった。「少しぐらい進む方向がズレても、走り続けていれば修正できるから」と。それぐらいの覚悟と柔軟性がなければ、物事は変わらず、新しいものは生まれないのだろう。

「走りながら考える」と、「考えながら走る」は、似て非なるものだ。

考えながら走るのは、かなりゆっくりとした動きになる。立ち止まることも多い。それに対して走りながら考えると、走り続けているので失敗はあるものの、だんだんと方向性が定まっていく。

ＡＩと呼ばれる人工知能がどれほど発達しても、脆弱性《ぜいじゃくせい》を完全に取り除くことはできない。自分はこうあるべきだという理念を置いて、そこに向かって走り出していくことが大事である、という川淵さんの発想は大いに共感できた。失敗を恐れずに動いてみろ、自分の仕事に責任を持て、というメッセージだったのだろうと思う。

川淵さんがＪリーグ創設に奔走し、読売新聞社の渡邉恒雄《わたなべつねお》社長と丁々発止《ちょうちょうはっし》のやり取りをしていたのは、50歳代中頃から後半にかけてだった。

２０２１年現在の日本のスポーツ界に、当時の川淵さん、渡邉社長に負けないバイタリティと信念を持ったリーダーがいるだろうか。〝ネクスト川淵〟が登場していないことについて、スポーツ界全体で問題意識を持たなければいけない、と私は考える。

スーパースターは必要か

では選手のほうに、圧倒的に抜きんでた存在は必要なのか。

Ｊリーグが１９９３年の開幕直後に爆発的な人気を博したのは、カズこと三浦《みうら》知良《かずよし》選手の存在が大きかった。サッカー王国と呼ばれるブラジルでプロ選手となり、日本に凱旋《がいせん》帰国した彼は、日本サッカー新時代の分かりやすいシンボルだった。

ある競技の発展や人気の沸騰（あるいは回復）のために、アイコンとなる選手の存在は必要だろうか。Ｊリーグとカズ選手のような関係は、絶対条件なのだろうか。

私の意見は「ＮＯ」だ。

スーパースターがいることは、もちろんプラスにはなる。ただ、いないから盛り上がらない、ということはない。

世界のスポーツ市場の規模を見てみると、アメリカのナショナル・フットボール・リーグ、通称ＮＦＬは１・５兆円だ（図２）。北米４大スポーツのなかでもっとも人気があり、市場規模も大きい。人気クラブの資産価値は、ヨーロッパのメジャーなサッカークラブを上回る

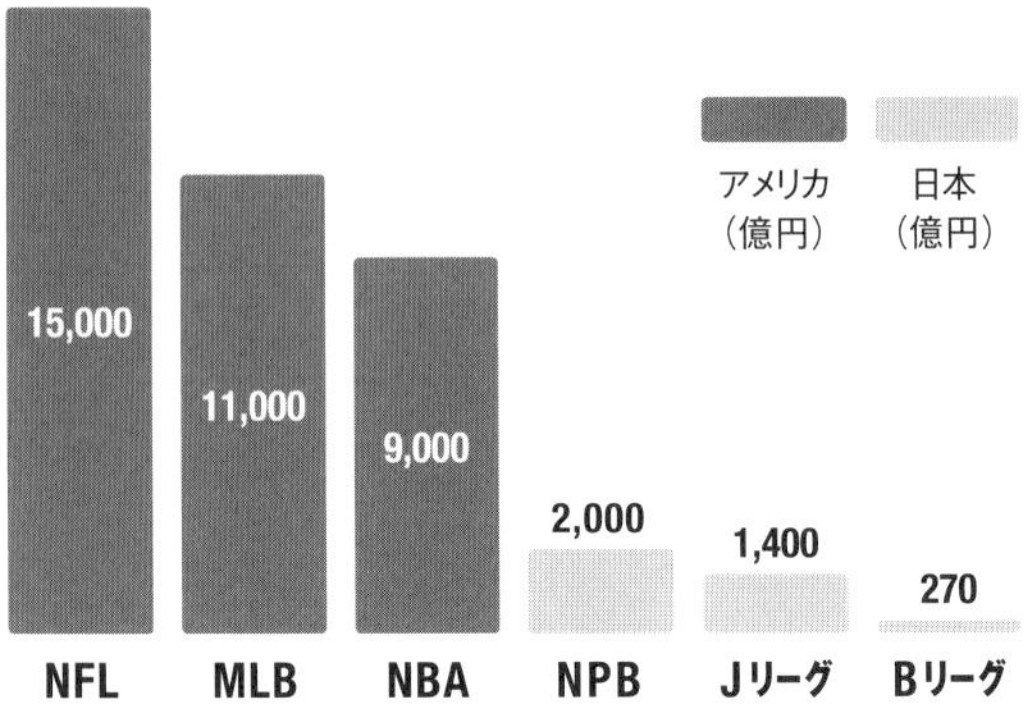

図2　世界のスポーツの市場規模

[参考] Bloomberg/statista/Forbes/Jリーグ公式サイト/B.LEAGUE公式サイト/ZERO-ONE調べ

とされる。

メジャーリーグベースボール（MLB）の市場規模は1・1兆円で、ナショナル・バスケットボール・リーグ（NBA）は9000億円とみられている。ナショナル・フットボール・リーグ（NFL）、MLB、NBAのいずれも、ここ10年で市場規模を大幅に広げているのだ。

では、NFLに歴史に残るスーパースターが出現したのか？

MLBは？　NBAは？

NBAについて言えば、1992年のバルセロナ五輪当時のほうが、世界的なビッグネームは多いだろう。初代ドリームチームにはマイケル・ジョーダンやマジック・ジョンソンだけでなく、パトリック・ユーイングもラリー・バードも、スコッティ・ピッペンもチャールズ・バークレーもいたのだ。

今まさにＮＢＡファンの人なら、「いやいや、レブロン・ジェームスは21世紀のモンスターだし、ステフィン・カリーは歴代最高のシューターだよ」と口を尖らせるかもしれない。私が言いたいのは「誰がすごいのか」とか「どちらがすごいのか」ではなく、マイケル・ジョーダンやマジック・ジョンソンが第一線で活躍していた当時に比べて、現在のＮＢＡはリーグの強いリーダーシップのもとでガバナンスが取れており、それゆえに収益構造ができあがっているということだ。ＮＢＡはファン心理をくすぐるものを考え、作り上げ、提供し、その対価としてお金をもらっている。

野茂が海を渡った時、日本とアメリカの市場規模は同じだった

アメリカの４大スポーツのなかで、日本人にもっとも身近なのはＭＬＢだろう。

ＮＢＡにもしっかりとした固定ファンがついているが、ＭＬＢでは日本人選手が数多くプレーしていることもあって、日本国内での情報量は群を抜く。ヤフーなどのポータルサイト

のニュースはもちろん、公共交通機関の車内ヴィジョンのニュースでも、その日に出場した日本人選手の結果が伝えられる。彼らの活躍を知りたいというニーズが、それだけあるからなのだろう。

時計の針を１９９４年に戻す。なぜこの年なのかには、もちろん理由がある。日本のプロ野球は、セ・パともに歴史的なシーズンだったからだ。

セ・リーグでは「10・８決戦」があった。読売ジャイアンツと中日ドラゴンズが同率で並び、最終戦で優勝を争った一戦だ。長嶋茂雄監督が率いるジャイアンツはセ・リーグを制し、そのまま日本一に輝いた。

パ・リーグには〝イチロー旋風〟が吹き荒れた。プロ３年目で21歳のイチローは日本プロ野球初のシーズン２００本安打を達成し、のちの伝説の第一歩を記した。

一方、１９９４年のＭＬＢは史上最長のストライキが起きたシーズンである。選手年俸の高騰を抑えたい球団側がサラリーキャップ制の導入を提案したが、年俸ダウンを避けたい選手会は拒否する。１９９４年８月にストへ突入すると、翌年４月末まで球音は響かなかった。

日本はセ・パともに大いに盛り上がり、アメリカはストに揺れた。この１９９４年当時の市場規模は、どちらも１５００億円だったと言われている。

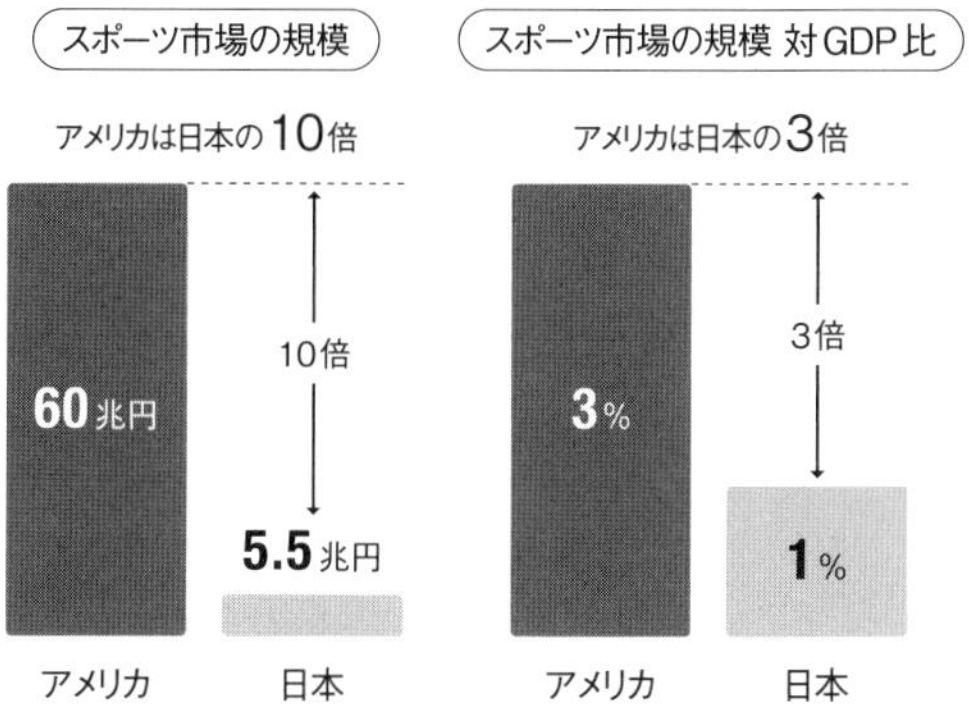

図3　日米のスポーツ市場規模の比較（2015年）

それが２０１８年になると、日本の２０００億円に対して、ＭＬＢは１・１兆円まで伸ばした。

観客動員数はどうなのか？　日本は１９９４年の１試合平均が２万９０００人だった。２０１８年もほぼ同じである。

ＭＬＢは減っている。１９９４年の１試合平均が３万２０００人だったのに対して、２０１８年は３万人だ。それでも、市場規模は拡大している。

つまり、観客動員数は市場規模を成長させるキードライバーではないのだ。あくまでも大切なものの１つ、という認識に留めるべきなのだ。

外国資本導入の是非

市場規模を拡大する手段の１つに、外国資本の参入がある。

たとえば、アラブ首長国連邦のドバイを本拠とするエミレーツ航空は、サッカー、ラグビー、テニス、モータースポーツ、ゴルフ、競馬、ヨットなどに多額の資金を注入している。サッカークラブでは２０１８～１９シーズンの売上高が世界２位のレアル・マドリード（スペイン）、同11位のアーセナル（イングランド）、同17位のオリンピック・リヨン（フランス）などのメインスポンサーとなっている。

Ｂリーグは外国資本の参入を認めていない。Ｂリーグ規約の「第３章　Ｂクラブ　第12条」に「Ｂ１クラブの資格条件」として、「日本法に基づき設立された、発行済み株式総数の過半数を日本国籍を有する者か内国法人が保有する株式会社であること」と記している。表現方法を変えれば、海外の企業は発行済み株式総数の49パーセントまでは保有できるが、筆頭株主となって経営権を握ることは認められていない、ということだ。これは、Ｊリーグ がＪ１、Ｊ２クラブの「資格要件」として義務化した「日本法に基づき設立された株式会社または公益社団法人であること」を参考にしている。

Bリーグ在職中は海外を回っていたので、個人的な感覚では外国資本の参入は悪くないと考える。開幕から短期間で成功した例として、Bリーグは東南アジアの国々などから熱い視線を浴びている。経営に携わりたいという声も、非公式の場で多く聞いてきた。

外国資本を警戒する根拠は、「クラブを個人の意のままに操られてしまう」とか、「リーグ全体のガバナンスを効かせる足かせになってしまうのでは」といった悲観的な推測だ。

日本ではプロのクラブチームでも、地域の公共財としての意識が働く。地元企業の資本が入っているケースが多いこともあって、地元と一緒に共存していきたい、という気持ちが育まれていく。

それに対して外国人オーナーは、多くの場合においてクラブの地元への帰属意識はない。「オレのクラブ」として、思いのままに運営していく傾向が強い。

いきおいリーグ全体の統制がはかりにくくなる可能性はある。

とはいえ、日本人同士でも意見はぶつかるものだし、日本人のなかにも個性的な考えの持ち主はたくさんいる。外国人だからという理由だけで経営参画を認めないのは、時代の要請にそぐわないと感じる。異なる倫理観や仕事観を取り入れることに、もう少し前向きであっていいかもしれない。

プロ野球でも、Jリーグでも、一般的な商材との大きな違いは「自分たちのチームだけを売るわけではない」ということだ。チームスポーツは「対戦相手とのパッケージ、リーグ全体のパッケージとして成り立つ商材」なので、リーグが本店としてガバナンスを効かせ、各チームが支店の立場で横のつながりを持って経営していく、というスタイルが何かとスムーズである。外国資本を認めるか否かは、「どういうリーグにしたいのか」という議論を深めた先にありそうだ。

チームを保有する目的とは?

オーナーについて触れたので、チームを保有する目的にも触れておきたい。

この目的次第で、プロ野球がいいのか、サッカーがいいのか、バスケットボールがいいのか、協会がいいのか、リーグがいいのか、クラブチームがいいのか、オーナーがいいのか、スポンサーがいいのか、どのように投資すべきかが決まっていく。それは目的によって、組み合わせて考えていくべきなのだ。

企業の認知度を上げたいのなら、プロ野球のオーナーがいいだろう。ＪリーグとＢリーグは、チーム名に企業名がついていないからだ。プロ野球なら企業名をつけることができる。公共放送であるＮＨＫが「ソフトバンク」や「ＤｅＮＡ」と言ってくれるのだ。自社の認知度を上げたいならプロ野球のオーナーに勝るものはない。

プロ野球は、セ・パ合わせて「12」しか球団がない。しっかりとした企業でなければオーナーにはなれないので、企業のブランドイメージが上がっていく。認知度という量的観点ではなく、イメージという質的観点においても、プロ野球チームのオーナーにはかなり大きなメリットがある。

企業をチーム名として宣伝できないＪリーグでも、質的観点では消費者に訴えることができるだろう。たとえば、２０１９年７月に鹿島アントラーズの筆頭株主になったメルカリは、本業のフリマアプリの運営にも好影響が出ていると思われる。

もちろん、球団経営そのものを収益化してキャッシュカウ（財源）的に投資するパターンもあるだろう。プロ野球はハード（球場）とソフト（球団）の一体経営が進んできており、そうした目的で投資するならふさわしい競技だ。あるいは、中長期的にアリーナとの一体経営が見込めるバスケットボールも悪くはないだろう。

もしくは、アメリカのように資産価値を高めてからのバイアウト（買収）狙いのパターンもある。現状の価値と将来的な成長ポテンシャルを考慮すると、バスケットボールはお勧めである。

本社の事業とのシナジー効果を狙うのは、プロ野球チームとＪリーグのクラブを持つ楽天が典型的なモデルだ。プロ野球の東北楽天ゴールデンイーグルス、Ｊリーグのヴィッセル神戸のスタジアムには、子会社が展開する電子決済サービスが持ち込まれている。どちらのスタジアムでも２０１９年から完全キャッシュレスとなり、自社のクレジットカードやアプリ決済が使われている。

また、ヴィッセルがホームとする「ノエビアスタジアム神戸」も、楽天の子会社が運営管理している。チームが勝つことで儲けるのではなく、自分たちが持っているいろいろな事業が儲かればいい、という考えかただ。

ソフトバンクの本拠地「福岡ヤフオクドーム」では、「ＰａｙＰａｙ」の名前が冠されている。これはソフトバンクとヤフーが設立したスマホの決済サービスだ。こうしたビジネスモデルは、プロ野球全体に広がっている。

加えてこれからのトレンドになりそうだと思うのが、人材確保のためのチーム保有だ。企業がスポーツチームを保有しているために、新卒採用や中途採用に良い影響を与えているという話をよく耳にする。これはチームに対してスポンサーする場合も同様で、良い波及効果がある。スポーツ嫌いという若い人は少なく、スポーツを幅広く愛されるツールとして有効活用している。

自分たちが持っている商材を幅広く全国各地に展開したい場合は、リーグから展開しやすいＪリーグかＢリーグのスポンサーがいいだろう。全国の試合会場で、同時多発的に宣伝できる。

いずれにしても大切なのは、何のためにスポーツチームに投資するかだ。これが不明瞭のまま、チーム経営したり投資したりしているパターンが、実は非常に多い。本社の社長がただサッカーが好きだから、バスケットボールが好きだからでは、チームと企業がウィン・ウィンの関係にはなれないのだ。

Chapter 02

PROFESSIONAL

―何が必要とされるのか―

プロとはマーケットを見ること

プロフェッショナルのリーグを作るとは、どういうことなのか。

多くの場面でプロというと、選手がチームとプロ契約を結ぶことと理解されている。しかし、それだけでは不十分である。

チームと選手が統一契約書というプロ契約を結びつつ、当該競技の運営を主体とする独立した法人組織を作ること、これがプロ化の定義である。この後者、独立した法人組織を作ることが極めて大事なポイントだ。一般的に実業団リーグやトップリーグの大半は、独立した子会社を作らず、親会社の総務部管掌《かんしょう》のもと、企業チームとして活動展開しているからである。

たとえば、Tリーグ。Tリーグは「新リーグ」ではあるが、彼らは決して「プロリーグ」と名乗っていない。卓球の運営を主体とした株式会社を作っているチームもあれば、独立した組織を作らず、従来通り親会社の部活動的に展開しているチームもある。

２０２２年１月からスタートする予定のラグビー新リーグも、「新リーグ」ではあるが、独立した法人組織を作ることを参入条件とはしていないので、実は「プロリーグ」ではない。

こう考えると、プロ化とは、リーグ戦を収益が生まれる事業とし、自分たちがやっていることや収支を明確かつオープンにすることで、「言い訳ができないようにする」ということだ。

表現方法を変えれば、親会社に頼らずに自分たちで稼ぐ仕組みを作ることである。競技のレベル、イベントの内容、営業や広報活動などは、すべて市場にとって魅力があるかという視点で判断されていく。

つまり、プロスポーツは「マーケットを見る」ことが必要なのだ。アマチュアスポーツとの決定的な違いがここにある。

スポーツのクラブチームは競技・イベント、財務、広報、営業・マーケティングなどの部署で構成されているが、独立した法人組織ではなく親会社の１つでも事業体としては機能する。問題は、そこで働く人たちの目線だ。

親会社の一事業体として運営されているチームは、「マーケットの要望」より「オーナー（社長）の顔色」に視線が向く。「オーナーがどう思うか、オーナーが納得するか」が最初の判断基準となり、ステークホルダーが置き去りにされてしまうのだ。

スポーツのクラブチームは、ステークホルダーが多い。スポンサー、ファン・サポーター、ホームタウンなどの行政、ホームタウンの住民、メディア、オーナーなどだ。

ステークホルダーの利益が重ならない場面では、いちばん重要なものを明確にしたうえで意思決定をしていかなければならない。そこではやはり、顧客の声に耳を傾け、期待に応えていくマーケットドリブン（市場主導）の立場に立つべきである。

バスケットボールで考えればわかりやすいが、なぜ、旧リーグのＮＢＬでうまくいかず、Ｂリーグで大きく成長したのか？　その大きな理由の１つは「法人組織の独立」の義務化である。

マーケットドリブンで持続的に収益を上げ、自走できるモデルとなると――ＪリーグやＢリーグを見れば分かるように、プロ化を検討するべきだろう。

プロ化とは、選手のプロ化でなく、一番の本質は、クラブ経営のプロ化であり、その覚悟なのである。

必要なのは経営者のプロ化

Ｂリーグになったバスケットボール界では、１億円を稼ぐ富樫《とがし》勇樹《ゆうき》（千葉ジェッツ）のような選手が登場し、八村塁《はちむらるい》選手はＮＢＡドラフトの一巡目で指名を受けた。渡邊《わたなべ》雄太《ゆうた》選手もＮＢＡで戦っており、馬場《ばば》雄大《ゆうだい》選手はオーストラリアのクラブでプレーしている。Ｊリーグが辿ってきたように、プロ化によって選手個人のグローバル化が進んでいった。個々のレベルアップは日本代表の競技力を押し上げ、２０１９年に21年ぶりのワールドカップ出場を果たした。

Ｂリーグのなかには、外国人のヘッドコーチやコーチを招聘《しょうへい》するクラブが増えている。審判もプロが２人いる。チアも本場のアメリカで学んできた人材がいる。

ひるがえって、経営者はどうか。

プロ野球でもサッカーでも、親会社から出向してくる社長がいる。それが絶対に悪いと言うつもりはないし、Ｂリーグのクラブの社長だからといってバスケットボールのすべてを知らなくてもいい。私自身もバスケットボールという競技については、基本的なルールを知っているぐらいだった。

問題はマインドにある。

親会社から出向してくる社長はサラリーマンだ。彼らは出向先で余計な失点をして、自分の経歴に傷をつけたくない。そのため、「今までどおり」の経営方針が尊ばれる。10年後、

20年後のクラブはどうありたいか、業界はどうあるべきかという議論をしても、話がなかなか前へ進まない。

出向してきた社長がリスクを取りたくない気持ちは、当人の立場になれば理解できる。「まあ、そうだよな、社長は責められないな」という空気が組織に広がり、活発とは言えないクラブの体質ができあがってしまう。

自分たちのチームはもちろん、バスケットボール界の発展にも目を向けられる人材を理想とすれば、社長にはプレーヤー経験者を充《あ》てるという考えが浮上する。

中国バスケットボール協会の会長は、ＮＢＡで活躍したレジェンドの姚明だ。

地位も、名誉も、報酬も得ている彼は、名プレーヤーだから会長に推挙されたわけではない。引退後に大学で経済学を学び、経営者として今の仕事を得ている。

実際に彼と接してみると、その聡明さに驚かされた。

初対面は交渉のテーブルで、私たち日本は賛成で、中国は反対の立場だった。「反対の理由は３つある――」と切り出した彼の指摘は見事だった。非常に広い視野に立っており、感心することしきりだった。文字どおりプロの経営者だったのだ。

日本のプレーヤー経験者にも、同じことはできるのではないだろうか。

この国はスポーツ選手を少々軽んじるところがあるように感じる。プロとして活躍したアスリートは、何か１つを極めている。我々のような一般人とは、根本的に違うのだ。ちょっとしたビジネスマナーを知らないだけで、名刺交換の方法でも言葉遣いでも、指導すればすぐにできるようになる。ビジネスマンとして目覚めるためのスイッチを入れるかどうか、どうやって入れるか、というだけの問題で、スイッチが入った瞬間に一気に切り替わるのではないだろうか。

スポーツ選手のセカンドキャリアは、指導者がもっとも多いだろう。野球やサッカーの元選手は、知名度を生かして飲食店を開いたりする。

しかし、そういった旧来の選択肢だけでなく、プロのマインドを持っている元選手の経営参画が増えていけば、親会社から社長を出向させるという発想が転換されるかもしれない。

親会社から出向してくる社長は、辞令を受けた先がスポーツチームだったというだけで、彼らに問題があるわけではない。そうした人事を発令する親会社はグループ全体に統制を効かせたいという考えがあるのだろうが、これまで日本のスポーツビジネスにおいてうまくいったパターンは稀有であり、もう少し人材の活かしかたを変えていかないといけないだろう。

この問題は、スポーツ競技団体側からも問題意識として発信していくべきだと考える。

Ｂリーグの開幕に当たっては、リーグからも各チームに「社長は本社からの出向ではなく、なるべく外部から呼んできたほうがいい」と提言していた。果たして、トヨタ自動車が親会社を務めるアルバルク東京は、トヨタ側の強い考えもあり、トヨタの人間ではない元商社マンの林《はやし》邦彦《くにひこ》さんを社長に据えた。

Ｂリーグ３シーズン目の２０１８〜１９シーズンの経営情報を見ると、アルバルク東京は営業収入が10億円を超えている。Ｂ１、Ｂ２の全36チームで10億円超えは６チームのみだから、しっかりとした経営ができていると言えるだろう。

Ｂリーグの運営法人は、まだまだ規模が小さい。20人から30人ほどの社員で動いているところが多く、社長の影響力が届きやすい。それだけ大事なポストなのである。

親会社とは何か

私がラグビーの新リーグに一抹の不安を覚えるのは、親会社を持つチームが大多数だからだけではない。親会社との距離感に目がいくからだ。

スポーツチームの「親会社」には、ネガティブなイメージを抱く人が少なくない。プロスポーツチームで働くスタッフにも、親会社を忌み嫌う人がいる。悪の権化だとまで言い切る人もいる。

本当にそうだろうか。

ビジネスにおいてダイナミズムを生み出すには、信頼できる大資本が欠かせない。その意味でまず、親会社を頭ごなしに否定するべきではない。

親会社を持たずに何社かで資本を出し合うクラブは、親会社を持つクラブより優れていることになるのか。必ずしもそうではない、というのが私の考えだ。

B１の川崎ブレイブサンダースは、２０１７～１８シーズンを最後に東芝からＤｅＮＡへ経営権が譲渡された。それでチームは悪くなったのか？

レギュラーシーズンの成績が落ち込んだわけでなく、２０１９～２０シーズンはクラブ史上最長の16連勝を記録した。ホームゲームの平均入場者数は前年比約３割増の４７３２人に伸びた。スポンサー社数は、前年から59社増えて１４０社となっている。また、ＤｅＮＡ体制への移行時に掲げた「5年以内に１万人超規模のアリーナを新設する」という構想も進めている。

競技やクラブの実態を把握せずに親会社が口出しをしてきたら、クラブ側はやりにくいだろう。しかし、赤字覚悟で先行投資をして、数年後に黒字化するといった経営手法は、親会社がいるからこそ成り立つ。新型コロナウイルスのようにコントロールも想定もできないことが起きた時、経営的に助けてくれる親会社の存在は、以前にも増して心強いはずだ。

親会社との距離感で重要なのは、経営と執行の分離である。オーナーとしての親会社はあくまでも株を保有し、役員選任の権利を有しているだけで、経営の執行権はクラブ側にある。日常の業務については社長を中心にクラブ内で判断し、大きな課題の時のみ親会社に相談する、という関係が理想だ。

そのために必要な手順は、親会社から独立した法人格であることだ。親会社がいることが悪いのではなく、独立した法人組織になっていないことに問題があるのだ。

親会社から切り離されれば、親会社の顔色ばかりうかがうことはない。ステークホルダーの利益を考えた経営となる。

ラグビー新リーグに話を戻すと、選手全員のプロ契約を求めていない。これまでと同じように、社員選手としてラグビーを続けていく選手もいる。

ただ、ワールドカップで世界のベスト８に辿り着いた選手たちは、「２０２３年のワールドカップではベスト８は最低ラインで、ベスト４に入る」という意気込みを持っていると思う。近未来の日本代表入りを目指す高校生や大学生は、「自分が新しい歴史を作る」との目標を掲げているに違いない。

世界のトップ8からトップ4、もっと言えば頂点を目指そうとする選手は、ラグビーにすべてを賭けたいと考えるだろう。競技に集中できるプロフェッショナルという選択肢があるなら、思い切って飛び込んでいく選手が増えていくに違いない。日本のラグビーが国際的な競技力を高めていくほど、プロ選手は増加すると考えるのが妥当だ。

それでもなお、フロントがアマチュアでいいのだろうか。プロ選手にふさわしい環境を提供できるのだろうか。

トップリーグのチームを支える親会社は、国内の一流企業ばかりだ。トヨタ、パナソニック、キヤノン、神戸製鋼、ＮＥＣなどの大企業が関わっていることは、ラグビー界の資産であり最大の武器と言っていい。

新リーグは、彼ら企業側にとっても意味があるものであるべきだ。同時に、各クラブは独立した法人組織を立ち上げ、実装できる環境を備えるべきであろう。

新リーグ参入要件には「組織要件として事業機能を持つ」ことが求められているものの、「分社化は求めず、会社内の事業部でもいい」としている。それはつまり、実家に住んで家事を親に任せるのと同じだ。

分社化しても、会社内の事業部でも、実際は当面親会社の補填が同額入るだけで収支構造は変わらない。にもかかわらず、なぜ実行しないのかが理解できない。新リーグからすれば、選手年俸が上がることを危惧しているのかもしれないが、各チームの選手年俸総額の上限を設定するサラリーキャップなどの措置などを採用してコントロールすればいいだけである。ラグビー界に限らず、スポーツ界全体がコストセンシティブな印象が強い。それはもちろん大事なことであるが、事業収益はまったく成長しないし、何よりも本当にそれが「サステナブルなモデル」かという疑問が強く残る。

選手と同じようにフロントも個人事業主になれ、などと言うつもりはない。しかし、自分たちで利益を上げることでチームを経営し、選手たちに頑張ってもらう、ステークホルダーに笑顔になってもらう、という思いは、親会社から独立することでより大きく、深く、広く育まれていくはずだ。

ラグビーの新リーグの立ち上げは、「30年後もファンに愛されるリーグ」「30年後も発展していくリーグ・チーム」「30年後も代表が強くあり続けるリーグ」を創ることを念頭に置いている。３つの志のもとで様々な判断が下されていけばいいのだが、スタートの時点でクラブを縛ることができていないことに、私は若干の危うさを感じる。

Tリーグの課題と可能性

一方、野球やサッカーを見ていると、「優勝」とか「昇格」といった耳触りの良い話題であふれている。しかし、「プロとは」というところに立ち返ると、本質的に問われるのは法人としてガバナンスがしっかりしているか、経営者のリーダーシップがプロとして発揮されているか、ということだけでいい。その2つさえきちんとしていれば、ストラテジーもマーケティングもついてくる。順番を間違えてはいけない。

卓球のTリーグは、JリーグやBリーグのようなプロリーグではない。当初はプロ化を視野に入れていたが、プロアマ併存に軟着陸した。

各クラブはホームタウンを決めているが、春夏の高校野球のようなセントラル開催もある。チーム名にホームタウンが入っているクラブがあれば、運営法人の企業名が前面に出ているクラブもある。レギュラーシーズンの興行も、これまでは基本的にクラブ運営ではなく、リーグが差配していた。新規参入条件も明確でなく、重要事項の意思決定プロセスもリーグ主導の印象は強くない。ガバナンスが効いているとはとても言えない状況だ。

しかし、卓球という競技そのものは、ポテンシャルを秘めている。

少子化の影響で競技者人口が伸び悩む種目ばかりのなかで、卓球は伸びている。男子は張《はり》本智和《もとともかず》選手、女子は伊藤《いとう》美誠《みま》選手を中心に、世界のトップ・オブ・トップと渡り合っていることがその主因だろう。国際的な競技力が向上すると、「自分もやってみたい」と思う子どもたちが増えるものだ。

卓球は場所を取らない。2人いればシングルスの試合ができる。しかも、性別、年齢を問わずに楽しめる。親子で一緒に、男女が混じって、世代をまたいで、といった楽しみ方もできる。屋内競技なので、天候にも左右されない。

新型コロナウイルスの感染拡大で、換気という課題を突きつけられているが、気軽に楽しめるスポーツとして今後も競技者人口が維持されていきそうだ。

もっとも、競技者人口が多いからスポーツビジネスとして成功するというわけではない。

バスケットボールの競技者人口は、Bリーグが発足する以前から60万人を数えていた。しかし、国内リーグが活況を呈していたわけではない。競技者人口はその競技のポテンシャルを示すが、ビジネスとしての仕組みを整えなければ潜在能力は眠ったままになる。

年間２０００億円の市場規模を持つ日本野球機構（ＮＰＢ）は、日本のプロスポーツで最大規模である。Ｊリーグは19年度が１４００億円だ。

バスケットボールはどうかというと、Ｂリーグ開幕１年目の２０１６～１７シーズンは、リーグ、クラブの各収益を合わせて２００億円だった。翌２０１７～１８シーズンは２４０億円、２０１８～１９シーズンは２７０億円となっている。Ｂリーグの収益を見ると、46億円、48億円、50億円と増やしてきた。Ｂリーグ立ち上げ直前のシーズンはリーグ単体で８億円の収益だったから、6倍以上に増加している。

スポーツビジネスを特殊なものと考える人は多いが、Ｂリーグがやってきたことは一般の企業活動と変わらない。リーグがガバナンスを効かせながら、「スマホファースト」などのストラテジーを実行してきた。

違いがあるとすれば、商材が有形か無形か、ということだけだ。

Ｂリーグを含めたプロスポーツは、磨き上げた技術や戦術を披露することで特別な興奮を味わってもらい、明日への活力、夢、感動といったものを提供する。スタジアムやアリーナに足を運んでくれた人が持ち帰るのは、球団が用意する来場者プレゼントなどを除けば手にすることができないものだ。それぞれの心のなかに宿る。

プロスポーツは可視化できない価値観を商材にしているわけだが、お客さんに満足してもらう意味では、サービス業の１つと考えていい。専門的なスキルをセールスポイントとし、ときにはその技術やノウハウも商品とする複合サービス業である。

野球でもサッカーでも、バスケットボールでもアメリカンフットボールでも、まったく同じ内容の試合は生産されない。同じものの量産ではないことが特殊と思われる理由かもしれないが、ピッチやコートの外の仕事はサービス業そのものだ。

監督や選手がサインをしたり、写真撮影に応じたりするのは、まさにファンサービスと呼ばれるものだ。スタジアムやアリーナでグッズなどを売る社員には、百貨店や家電量販店、スーパーやドラッグストアでの接客に共通するマナーが求められる。顧客満足度を少しでも上げるために、「フロント」と呼ばれるスーツを着た社員も、監督や選手などのスタッフも汗をかくのが、プロスポーツチームの本質なのだ。

そうした「顧客満足度」を上げるという点で、私が接してきたプロスポーツのアスリートのなかでは、三浦大輔さんは超一流だったと断言できる。

横浜大洋ホエールズから後継球団の横浜ベイスターズ、横浜ＤｅＮＡベイスターズで25年にわたってプレーした〝ハマの番長〟は、日常の努力の量がケタ違いだった。球団職員だった私が知る限りでも、試合前はいつもスタジアムの周りを走っていた。

日本のプロ野球とアメリカのＭＬＢでレジェンドになったイチローさんは、「小さいことを積み重ねることが、とんでもないところへ行くただ１つの道」と話している。三浦さんはまさに「小さいこと」を積み重ねていける投手だった。彼を真のプロフェッショナルと考える１つ目の理由である。

２つ目は人間性だ。

プロ野球という舞台に辿り着くのは、幼少期から４番やエースだった選手ばかりだ。チームの絶対的存在として〝お山の大将〟で育っているので、「自分が一番」「自分が正しい」という考えが根強いタイプが多い。

20代、30代になっても鼻息が荒いままの選手もいるのだが、プロ野球界でもトップ・オブ・トップに立つ選手は押し並《な》べて謙虚だ。経営者にも共通する傾向だと感じるが、頂点に立つような選手は「超」がつくほどに謙虚である。

三浦さんもそうだった。

プロ野球の世界には、暗黙の鉄則がある。そのなかの1つに、先発ピッチャーの登板日当日はそっとしておく、というものがある。球団側の人間なら、試合前のイベントには絶対に呼ばない。

ところが、球団職員が数ヵ月前から企画した肝いりのイベントと、三浦さんの登板日が重なってしまったことがあった。彼自身は企画の発案当初からとても協力的で、「球団が頑張ってくれているのだから、もちろん出ますよ」と言ってくれていたのだが、登板日のイベントに駆り出すのは現場の利益を損なうことになる。誰も望まない事態だ。

私たちが違う選手に声をかけようとしたところ、三浦さんは「いやいや、大丈夫だよ、約束どおりに出るよ」と言う。その代わりに、と付け加えた条件がふるっていた。

「マネージャーをフォローしてあげてください」

登板日にイベントに出たら、GMや監督は「どうして出したんだ！」とマネージャーを問い詰める。「マネージャーに頼まれたからではなく自分の意思で出るのだから、そこはキッチリとフォローしてほしい」と、彼は私たちにお願いをしてきたのだ。

イベントは16時から行なわれた。先発投手の準備はすでに始まっている時間だが、三浦さんはファンの前に笑顔で登場し、精いっぱい盛り上げてくれた。２０２１年から監督としてＤｅＮＡを率いることになったのも、私に言わせれば驚きではない。キャリアと人格を併せ持っているからだ。

　オリックス・バファローズで働いていた当時は、山《や》田《ま》久《だ》志《ひさし》さんの包容力にも心を打たれた。このチームは阪急ブレーブスが近鉄バファローズを合併する形で生まれた球団で、歴史的経緯が特殊ゆえにオリックス本社、阪急本社、近鉄本社間はセンシティブな関係でもある。そのようななかで、阪急と近鉄の復刻ユニフォームで試合をする、という企画を立案した。ロゴなど複雑な権利問題もあり、阪急と近鉄、それにオリックスの本社から了承を取り付けるのに数年を要した。

　そして、阪急と近鉄のＯＢ会の協力を得ることが最後かつ最大の難関であった。私は阪急ＯＢ会の会長を務めていた山田さんを訪ねた。阪急のエースとして通算２８４勝を記録し、野球殿堂入りもしている球界のレジェンドの１人である。

　おそらく私は、緊張を隠し切れなかったと思う。遠慮がちに経緯を説明すると、山田さんがゆっくりと口を開いた。

「いくらでも協力するので、葦原くんがやりたいことを遠慮せずに、この場ですべて教えなさい」と言ってくれたのだ。

携帯電話の番号を交換すると、ショートメールが何度か送られてきた。「今はこんな状況ですよ」といった報告だけでなく、私個人への励ましもあった。いつも文面の最後には一言。「栄光に近道は無し」。その言葉で救われ、幾つかの壁にもあきらめず成功を信じて進められた。山田さんが時間と労力を注いでくれたおかげで、両チームの復刻ユニフォームを使用した試合の実現にこぎ着けられた。

自分の子どもほどの年齢の人間にも、誠意を尽くして対応する。山田さんが野球人としてはもちろん、人間としても敬意を集める理由に触れられた気がした。

努力の幅と、周囲への向き合い方——この2つがプロフェッショナルたる条件だ、と私は考える。

真のプロフェッショナルとは?

バスケットボール界では、篠山《しのやま》竜青《りゅうせい》選手にプロフェッショナリズムを見た。

Bリーグの開幕シーズンを終えたオフに、リーグの事務局は様々なイベントを企画し、選手に出演を依頼した。そのなかの１人が篠山選手だった。

彼にお願いをしたのは、真夏の江ノ島でのトークショーだった。じっとしているだけでも汗が噴き出てくる。さながら拷問《ごうもん》のようだ。

イベントはＢリーグ側の働きかけによるもので、選手は私たちと同じスタッフの一員だ。休日にわざわざ来てもらった。

プロ選手をオフにも働かせるのは、さすがに申し訳ない。バックステージで「オフで身体を休めたいはずなのに、こんなに暑いところへ引っ張りだしてごめんなさいね」と謝ると、篠山選手は驚いたような表情を浮かべて言った。

「とんでもないです、僕で良かったらどんどん使ってください！　Ｂリーグになる以前はこういう形でお手伝いすることがなかったので、何でもやります」

彼はＢリーグ開幕前から、日本バスケットボール界を引っ張ってきた１人だ。スポットライトの外側に立たされる時間が長かっただけに、Ｂリーグの誕生に心を震わせ、プロの環境を後輩にしっかりと託したい思いがあるのだろう。

Ｂリーグの新人選手研修では、リーグスタッフがいろいろな講義やテーマを設定しながら、いつも根底では「プロフェッショナルとは何か？」を選手たちに問いかけている。決してマニュアル的に答えを与えないし、自分たちで徹底的に考えてもらう。

観衆にいいプレーを見せるために練習に打ち込む。１日24時間をバスケットボールに注ぎ、その結果として報酬を得る。

それでは、いいプレーをすればプロフェッショナルと言えるのか。プレーはもちろん大事だが、それがすべてで良いのか？

ずっと抱いてきた疑問を解きほぐすヒントを、与えてくれた選手が他にもいる。

兵庫ストークスとレバンガ北海道でプレーし、２０１９〜２０シーズン限りで引退した松《まつ》島良豪《しまよしたけ》さんだ。

スマートフォンが手元にある方は、「劇団松島」で検索してみてほしい。たいへんな数のウェブと動画がヒットするはずだ。

どんなスポーツでも、シーズンの開幕戦は特別だ。選手の緊張感は極限まで高まる。

その10分前に、松島さんは「劇団松島」を発動させる。衣装をばっちり着込み、チアを引き連れ、荻野目《おぎのめ》洋子《ようこ》さんの「ダンシング・ヒーロー」を踊ったこともある。それがまた、切れ味抜群なのだ。相当な練習を重ねてこの日を迎えたことが瞬時に分かる。

「劇団松島」はＳＮＳで拡散していき、レバンガ北海道のホームゲームで恒例のイベントとなっていった。エンターテイナーとしての注目度が高まるほど、プレーヤーとしての彼もまた気になる存在となる。

レバンガ北海道での松島さんは、控えのポイントガードという立場が長かった。日本代表に選ばれたこともない。それでも、期待外れのプレーをしたら、冷ややかな視線を浴びせられる。低調なパフォーマンスが続いたら、「劇団松島はいいから、ちゃんと練習しろ」とでも言われかねない。

彼にとっての「劇団松島」は、リスクの大きいチャレンジだったのである。

ファンを楽しませるエンターテイナーとしても懸命だった松島さんの姿は、Bリーグへの問題提起だった。「プロフェッショナルとは何か?」という問いを、私たちリーグ事務局に突きつけてくれたような気がする。

イチローさんのように、ケタ外れの数のヒットを積み上げていくのは、プロフェッショナルの1つの到達点だ。理想形と言ってもいい。

同時に、誰にでもできることではない「劇団」を続けた松島さんも、プロフェッショナルのマインドを強く感じさせる。

Bリーグの新人選手研修では、「オンザコートできっちりやるのは当然です。でも、それだけやっていればプロとしてOKではありません」と説明してきた。コート上できっちりやるのは、アマチュアにだってできる。それプラスアルファでお金が欲しい、地位が欲しい、名誉が欲しいという動機だけではない何か——他者や社会に尽くすことも、プロフェッショナルなのだろうという問いかけをした。

プラスアルファとは具体的に何なのか、はっきりとした答えは私自身も持てていない。思いつくものが1つあるとすれば、バスケットボールに詳しくない人や興味のない人から、「ありがとう」と感謝される選手は素敵だ。名前も顔も知らない人から感謝される選手が増えたら、Bリーグは日本の社会に根づいてきたと言える気がする。

Chapter 03

ARENA

―「アリーナ」から見る経営と閉鎖型モデル―

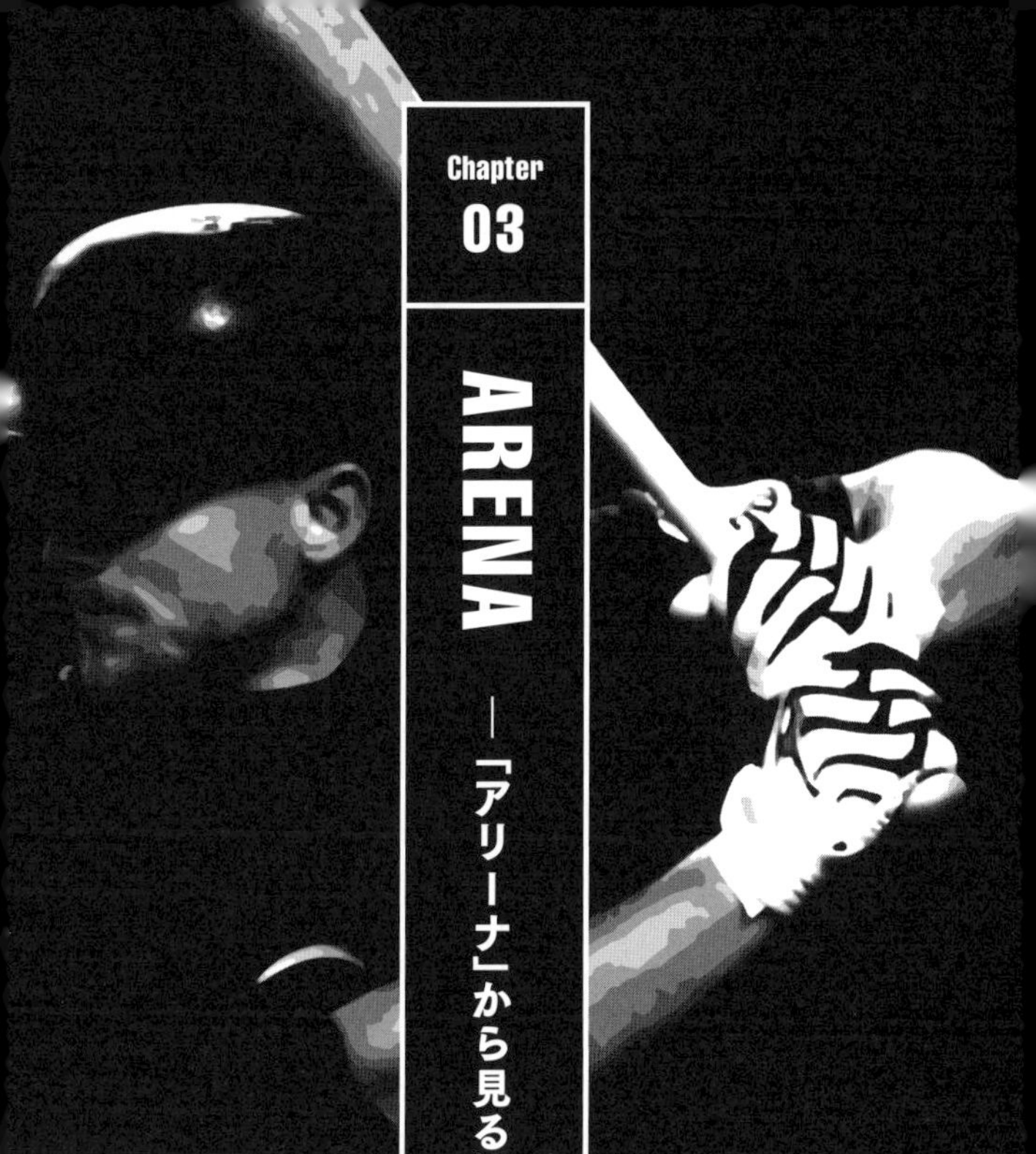

大切なのはリーグが主導すること

この章ではスポーツビジネスにおける「アリーナ」の重要性を指摘していくが、ここで改めて日本の野球ビジネスの現状に触れておこうと思う。20世紀当時は市場価値が同じだったＮＰＢとＭＬＢは、スタジアムというハードへの考え方で立場を大きく異にしていったからである。

ＭＬＢが大幅に規模を拡大してきた要因は、リーグ主導の「ガバナンスの再構築」である。この「ガバナンス」の重要性については、Chapter 01でお分かりいただけたと思う。

20世紀のＭＬＢでは、ストライキが何度となく起こった。選手会とオーナー側が、年金やフリーエージェントの権利などをめぐって衝突したからだ。１９９４年から１９９５年にかけては、シーズンをまたいでストライキが敢行された。その後は各球団が協調路線をとり、リーグによる統制が効くようになっていった。図4は、まず①を確立したＭＬＢが、続いて②③④を要因として市場を拡大していったことを示している。

たとえば、ＭＬＢはテレビ放映権やインターネットの配信権をリーグ一括で管理し、各球

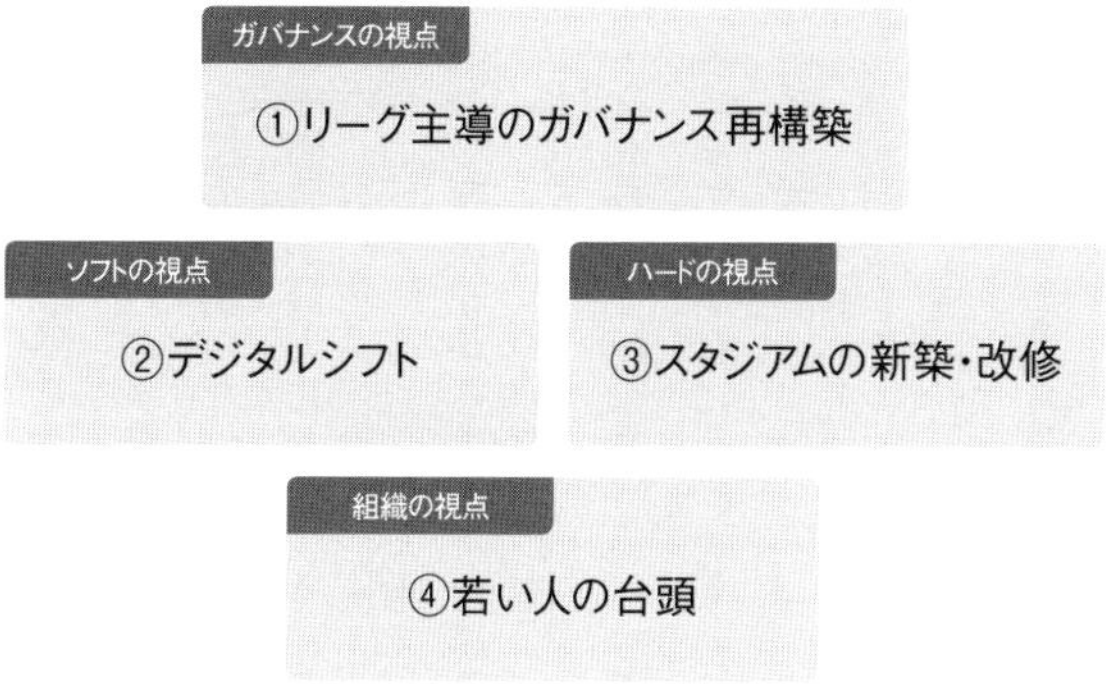

図４　MLB（アメリカ）市場拡大の４大要因

団に利益を分配している。それに対して日本のプロ野球は、２０２０年現在も各球団が個別に放映権を販売している。

球界の盟主と言われる読売ジャイアンツは、２０１９年にスポーツ専門動画配信サービスの「ＤＡＺＮ」と主催試合の配信契約を結んだ。当時は1年契約だったが、２０２０年から新たに5年の契約が交わされた。

その契約金は年間20億円（金額は推定）と伝えられた。「破格」と報道されたが、ＭＬＢの各球団が受け取る分配金は20億円をはるかに超える。収益源の核となる放映権料、配信権料を、リーグが全体設計として管理しているからだ。ＭＬＢではこの他に、ローカル局と個別に放映権料を結ぶことができる。

日本のように各球団が個別最適化で契約をすると、業界全体の市場規模は右肩上がりにならない。シンプルに書くと、12の球団が12のメディアと契約しているより、リーグ一括にして、１つの権利を12のメディアで取り合う方が当然高くなる。その高さも単純に12倍になるのでなく、競争状態になれば、それ以上になる。要するに、需要と供給のバランスをコントロールして価値が最大になるように設計するということである。現状でガバナンスの成果と言えるものは、パ・リーグ６球団による「パ・リーグＴＶ」くらいだろうか。一方でセ・リーグに横のつながりから生まれた施策やファンサービスは少なく、ＮＰＢ全体のガバナンスは発揮されていないのが現状である。

私は、日本のプロ野球には変わってほしいと強く思っている。日本におけるプロスポーツのビジネスモデルが真に変わっていくためには、やはりプロ野球が変わっていかなければならないのだ。

Ｊリーグが誕生して「日本は２大プロスポーツの時代になった」と言われたり、「Ｂリーグができて３大スポーツになるかもしれない」と言われたりもする。「Ｔリーグもある、バレーボールのＶリーグもある」と野球の一強を否定する声が強まっても、日本におけるスポーツの価値観は長らくプロ野球によって作り上げられてきたものだ。プロ野球が変わらなければ、日本のスポーツ界は変わらない。

ソフトとハードを一体化させる

ＭＬＢが市場を拡大させた要因をハード面から見ると、スタジアムの新築や改修がまず浮かび上がる。

スタンドのどこからでもフィールドが観やすい。シートがキレイでカップホルダーがある。トイレが清潔で広い。グッズショップが併設されている。スタジアムグルメが充実している。託児施設がある。試合前も試合後も楽しめる——21世紀型のスポーツ観戦のニーズを満たすことで、ＭＬＢは多様な層にアピールしていった。

ヨーロッパのサッカースタジアムも、２０００年以降に新築や改修が増えた。ドイツ・ブンデスリーガは２００６年のワールドカップ開催を契機に多くのスタジアムが装いを新たにし、欧州のリーグのなかでトップの観客動員数を誇っている。Ｊリーグの鹿島アントラーズがホームスタジアムとする茨城県立カシマサッカースタジアムも、１９９３年の誕生後に２度の改修が行なわれている。

自分たちのホームスタジアムを持つことは、来場者の利便性向上にもつながる。

ＭＬＢのスタジアムは、観客席がバッターボックスの方角を向いている。視界には、ピッチャーも入ってくる。投げた、打った、という野球で見逃せないアクションが、一塁側でも、三塁側でも、身体の向きを変えることなく観られるのだ。

日本のスタジアムはどうだろう。

座席の位置によって変わってくるのだが、普通に座ったままではセカンド方向へ視線が向く、という席がある。身体をひねらないとバッターボックスが観えない席があるのは、コンサートで使われることを想定しているからだ。野球専用の球場ではない弊害と言えるだろう。

広島東洋カープのホーム「Ｍａｚｄａ Ｚｏｏｍ－Ｚｏｏｍスタジアム広島」に、〝寝ソベリア〟という企画シートがある。文字どおり寝そべりながら観戦できる２人１組のシートで、荷物を置くスペースもきちんと確保されている。様々な観戦スタイルを提供する意味で、面白いアイディアだと言える。

しかし、コンサート前提で考えると、このような企画シートは生産性が低い。通常のシートを１つでも多く作ったほうが、お客さんを詰め込めるからだ。

スタジアムの管理運営で大切なのは、「そのスタジアムは何のためにあるのか」という思想を固めることだ。所有者が「ウチはアーティストのライブで、とにかくお金を儲けたいのですよ」と言い出して、そのスタジアムを本拠地にする球団が「いやいや、野球をメインに考えてください」と主張したら、何もかもがバラバラで非効率的になる。

思想を固めれば、優先順位が決まる。「我々はこのスタジアムをこうやって使っていきましょう」という方向性を共有することで、「この日は野球をやって、この日はコンサートをやる」といった交通整理ができるのだ。

何のために、自分たちでスタジアムを持つのか。その議論を突き詰めていくと、ソフトとハードの一体化へ辿り着く。

かつてのＮＰＢは、どの球団も赤字に苦しんでいた。しかし、スタジアムというハードを持った（あるいは運営管理している）現在は、ほとんどの球団が黒字になっている。

強くないと儲からない、お客さんが来ないと儲からない、という時代ではないのだ。ＭＬＢもＮＢＡも、ソフトとハードが一体化した経営である。ソフトはデジタルソフトで、ハードはスタジアムであるスポーツビジネスは、もはやハードを持たないと〝勝ち戦〟に持ち込めない、というのが私の持論だ。

なぜ一体化が必要なのか

Jリーグの人気チーム浦和レッズがホームスタジアムとする「埼玉スタジアム２００２」は、埼玉県が所有し、公益財団法人埼玉県公園緑地協会が運用している。浦和も、スタジアムを借りているわけだ。当然ながら、賃貸料を支払わなければならない。

これまで日本のプロスポーツでは、施設を借りて主催試合を行なっていた。しかし、球団やクラブがスタジアムを自由に使えないと、自分たちの営業プランに沿った試合日程が組みにくい。

たとえば、プロ野球のチームが優勝を争っていて、監督が「ここは大事な局面なので、本拠地で練習したい」と考えたとする。しかし、球場の所有者にしてみれば、チームの練習で使われるよりも、アイドルグループのコンサートのほうが儲かる。結果的に野球は二の次となり、使用を断られてしまうことがある。

また、日本のスタジアム、競技場、球技場には、昭和の時代に造られ、改修を重ねながら使われているものもある。そのため、テレビ中継やライブストリーミング配信の準備に支障

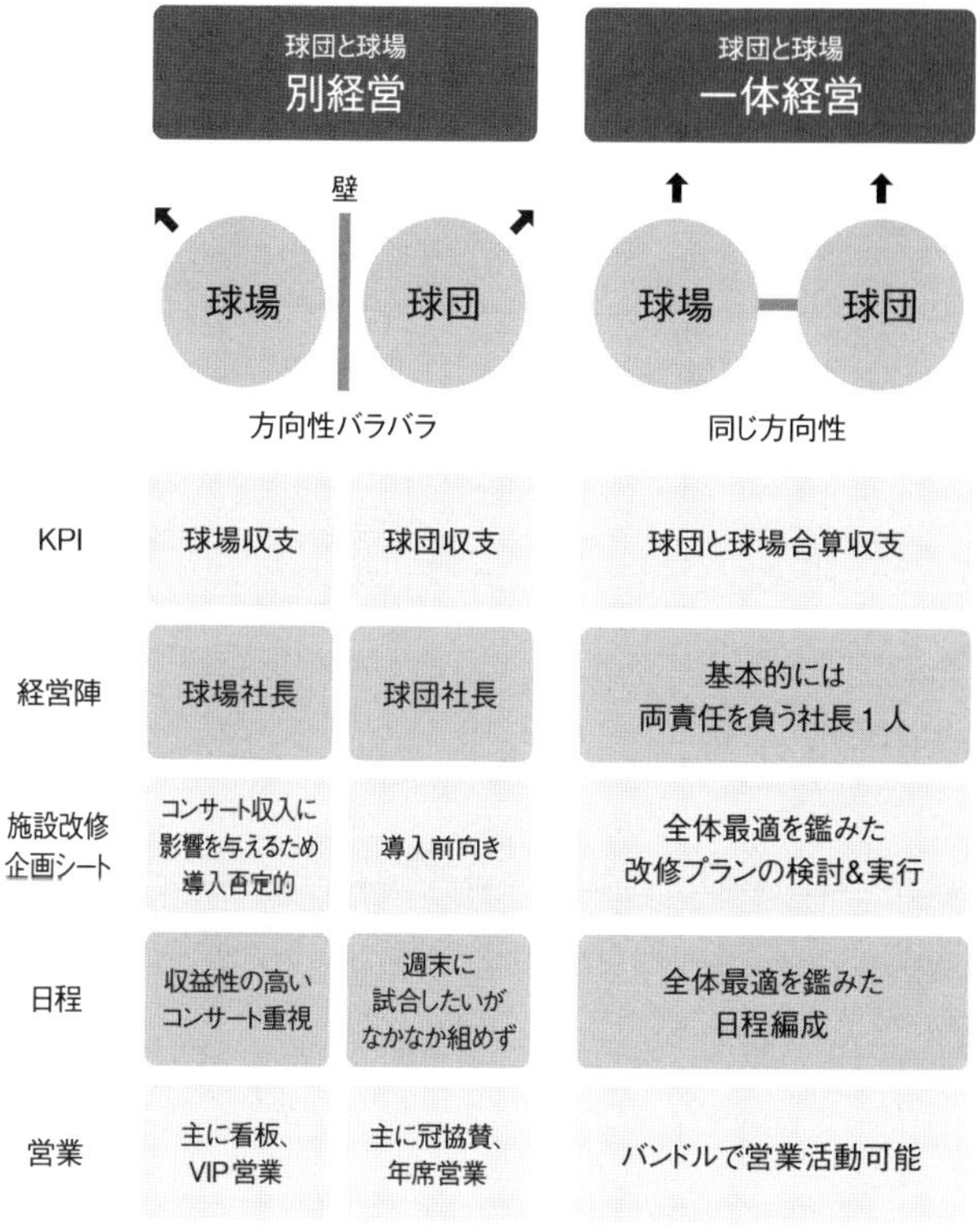

図５　ソフトとハードの融合により、いかに経営効率がよくなるか

をきたしたり、スタジアムでのイベントや飲食の提供を制限せざるを得なかったりすることがある。しかし、自分たちが所有する施設ではないので、改修や修繕を自由にできない。

スタジアム内に設置された看板、飲食、ＶＩＰルームの使用料などは、スタジアムの収益になる。自分たちの試合を通して宣伝され、フライドポテトやビールが売れているのに、売上げの全部が自分たちの利益にならない。これは非効率だ（図５）。

球団と球場が別々だと、スポンサー営業もとても非効率だ。球団ではユニフォームスポンサーや冠ゲームスポンサーなどの営業活動をしていて、球場では一般的に看板やＶＩＰルームの営業活動をしている。球団側の営業担当者が飛び込み営業で入った先の企業に、先週も球場の営業の人が来たよ、と言われるのはよくあることである。企業から見れば、球場も球団もほとんど一緒で、まとめて提案してきてよ、と思うだろう。いずれにせよ球場と球団が別々だとあらゆることが非効率になる。

私がかつて働いていたオリックス・バファローズは、本拠地が「京セラドーム大阪」で、準本拠地的に「ほっともっとフィールド神戸」で試合をしていた。京セラドーム大阪は球団のオーナー企業であるオリックスグループの子会社オリックス不動産に買収されており、実質的に球団の持ち物と言っていい。ほっともっとフィールド神戸は神戸市が所有者だが、管理許可制度により、管理・運営は球団となっている。球団経営と球場経営をほぼ一体化したことで、オリックスの収支は劇的に改善された。

ＭＬＢで施設の設置と運営を公共団体が担う公設公営のスタジアムは、30球団のうち６球団ほどしかない。公設民営化や民設民営化で経営を一本化している。

ひるがえって日本はどうか。

プロ野球は巨人、ヤクルト、日本ハムを除く９球団が、実質的にスタジアムを所有するか、管理運営者となっている。そして、巨人は東京ドームの資本に読売新聞社が入り、日本ハムは新球場を建設し、ソフトとハードを一体経営していく予定だ。

一方、ＪリーグとＢリーグの多くのチームは、行政所有の施設を借りている。球技専用のスタジアムでも所有は地方公共団体で、運営は地方の法人という組合せが多い。

２０２０年７月に開示されたＪリーグの２０１９年度のクラブ経営情報によると、Ｊ１、Ｊ２、Ｊ３の合計55クラブの営業収益は１３２５億円だった。２０１７年は１１０６億円、２０１８年は１２５７億円で68億円のプラスとなっている。屋外かつ天然芝の関係でなかなかスタジアムの稼働率を高めていくことは難しいだろうが、今後飛躍的にビジネスを成長させていくためには、ソフトとハードの一体経営をどのように進めていくかが極めて重要になっていくだろう。

リーグとしては営業収益を上げているものの、単体で見ると赤字決算のクラブもある。選手の人件費や選手人件費率も上がってきており、このままだと「お客さんが入らないと儲からない、勝たないと儲からない」というスポーツビジネスにあるまじき収益モデルに陥るチームが出てくる危険性がある。

Bリーグが設けたアリーナの基準

ＢリーグではＢリーグクラブライセンス交付規則のなかで、ライセンス制度の目的の１つに「プロリーグにふさわしい設備や雰囲気を備えたアリーナの整備促進」を挙げている。また、「２０２６年の新リーグ構想」としてＢ１は売上高12億円、平均入場者数４０００人、それにホームアリーナを基本的にいつでも利用できる環境を整えることを、Ｂ１に残るための基本的条件としている。アリーナライセンスの基準を一段引き上げたのである。ガバナンスをより厳しくした、とも言える。

アメリカでは、ＭＬＳことメジャーリーグサッカーが、リーグ参入に当たってスタジアムの保有を条件の１つにしている。優秀な選手やコンテンツといったソフトと、ハードとしてのスタジアムの両方を揃えた一体経営を念頭に置いているからだ。

２０２０年現在のＢ１の20クラブで、自分たちのアリーナを持っているのは大阪エヴェッサだけだ。「おおきにアリーナ舞洲」を15年４月から10年間の定期建物賃貸借契約で管理運営し、リーグ戦だけでなく練習もサブアリーナで行なっている。

２０２１年４月には、琉球ゴールデンキングスの本拠地として、沖縄県沖縄市に「沖縄アリーナ」が開業する予定だ。県内最大となる１万人規模のアリーナは、観客席がすり鉢状に配置され、会場の一体感を高めている。とにかく観やすい。

そのほかのクラブも、行政と連携してアリーナの新設や改修を進めている（図６）。

２０１９年の段階で、リーグとして「２０２６年までにソフトとハードの一体化をより一段進めてください」と宣言したのは、それが高いハードルであることを私たちも理解していたからだった。分かっていてお願いしたのは、もちろん理由がある。

２０１６年のＢリーグ発足に当たっては、当時のチェアマンだった川淵三郎さんが「ホームアリーナの収容人数をＢ１は５０００人以上」とした。各クラブの経営を採算ラインに乗せるための設定だが、クラブ側からは「絶対に無理です」との声も聞こえてきた。

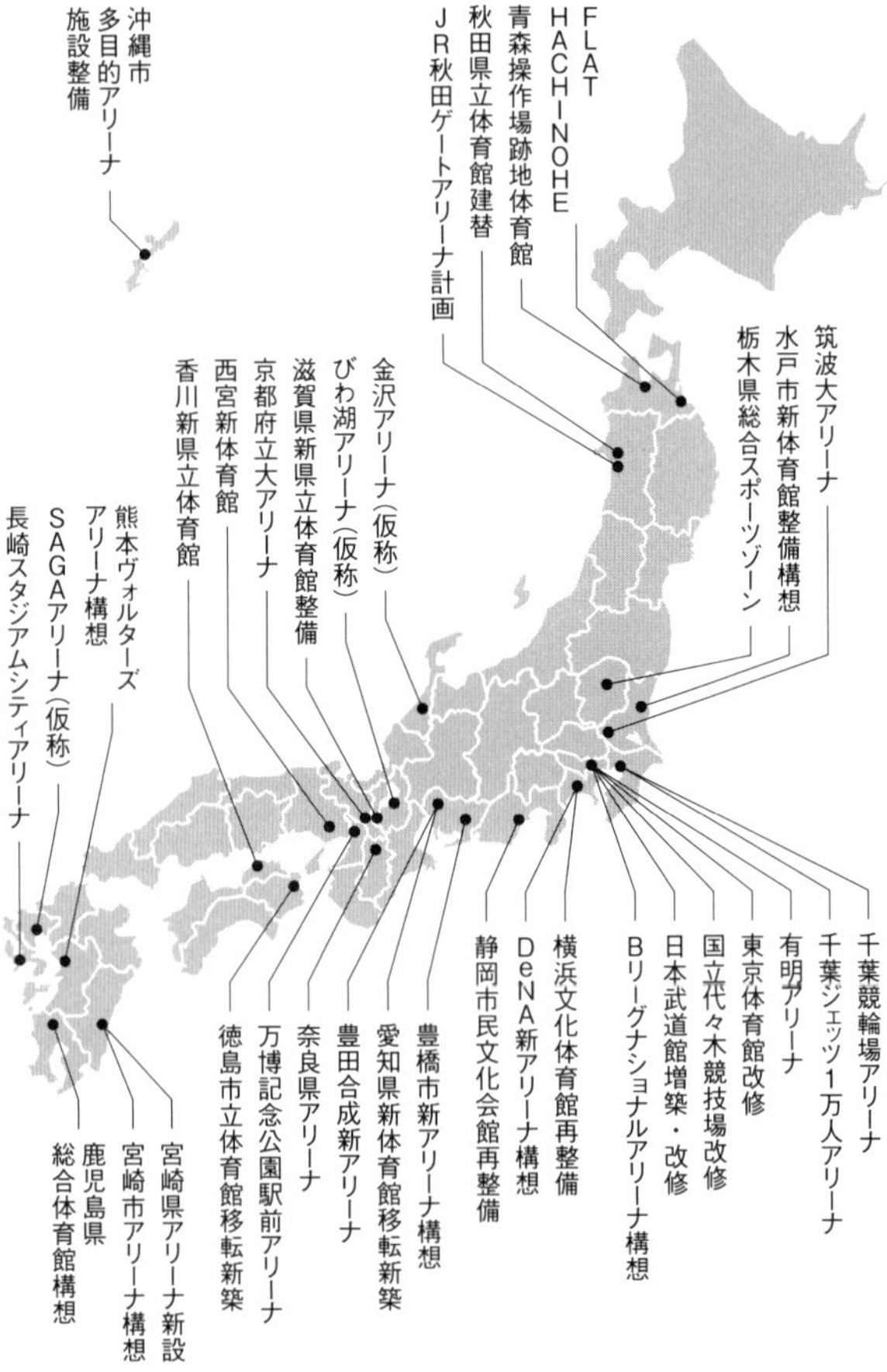

図6　スタジアム・アリーナ新設・建替構想　※出典：スポーツ庁［2019］

しかし、最終的にはほとんどのクラブがこのハードルを越えてきた。常設の固定席だけで足りない場合は、仮設の席を設置することで対応してきた。

リーグが妥協しなければ、クラブはやるしかない。行政と折衝《せっしょう》するなど、リーグを悪者にしてでも、５０００人収容のアリーナを用意するしかないのだ。

Ｂリーグは２０１６年の開幕から２０２０年までを第１フェーズ、２０２１年から２０２５年までを第２フェーズ、２０２６年以降を第３フェーズと位置づけて、段階的に改革を進めていくだろう。２０２６年にスタート予定の新しいＢ１とＢ２の参入審査は、２０２４年３月に予定されている。

それまでに、何クラブが基準を満たしてくるか。みなさんも注目していただきたい。

スタジアムとアリーナの違い

日本のスポーツビジネスにとって、東京オリンピック後の10年間は最重要局面だ。ソフトとハードの一体経営が大事であるという風潮が、少しずつ浸透してきている気がする。

ただ、個人的に気になっていることがある。「スタジアム」と「アリーナ」が同列で議論されている場面があることで、これは基本的に別々に議論するべきだ。

理由は簡単である。モデルが違いすぎるからだ。

野球のスタジアムは、スペックにもよるが、建設費用が５００億円から６００億円が一般的な相場である。２０２３年春開業予定の北海道日本ハムファイターズの新球場「北海道ボールパーク（仮称）」は、総工費６００億円とされている。

それに対してアリーナは、１００億円から１５０億円前後の建設事業である。琉球ゴールデンキングスが２０２１年からホームアリーナにする予定の「沖縄アリーナ」は、総事業費が１６２億円とされている。

スタジアムとアリーナを同一で議論すべきでない大きな理由が、もう１つある。

稼働率の違いだ。

サッカーやラグビーの使用を想定したスタジアムは、基本的に天然芝である。人工芝を混ぜたハイブリッドが主流になりつつあるが、人工芝への全面的な移行は考えにくい。天然芝は維持管理費が高く、天候に左右される。張り替えもしなければならない。

２０２２年１月開幕予定のラグビー新リーグは、参入チームに「１万５０００人を目処《めど》としたホストスタジアム確保を目指すこと」としている。ホストスタジアムはラグビー新リーグならではの呼称で、サッカーでいうホームスタジアムだ。

ラグビーとサッカーは、使用する競技場が重なっている。どちらも天然芝で行なわれているからだが、同じスタジアムでラグビーとサッカーが開催されても、稼働率が現在に比べて飛躍的に伸びるわけではない。土曜はサッカー、日曜はラグビーといった稼働で、月曜日から金曜日の何日かは芝生のメンテナンスに充てられるだろう。

そうなると、スポーツ以外のイベントでの使用には限りがある。

一般的にスタジアムの稼働率はアリーナより低い。Jリーグのガンバ大阪が指定管理者となっている「パナソニックスタジアム吹田」も、稼働率は高くないと聞く。Jリーグの試合の収容率（観客動員数）が好調だとしても、稼働率が低ければ採算ラインに届かない。

一方、アリーナはコンサートをはじめ、スポーツ以外の利用が可能だ。稼働率が高いので、安定した収入が見込める。天然芝のメンテナンスのような、維持管理の必要経費も少なくて済む。琉球ゴールデンキングスがホームアリーナとする「沖縄アリーナ」は、商業施設も兼ね備え、飲食店やショップも並ぶことから、イベント以外でも来場を見込んでいる。

これからスタジアムを新設、改修するなら、スポーツの使用だけではない収支採算のモデルを構築するべきだ。たとえば、ショッピングモール、フードコート、映画館、ホテルなどを併設した複合施設とする。あるいは、コンパクトシティと呼ばれる都市政策などと一体化させていくか。スポーツは集客装置の機能を有していることを意識したモデリングこそが重要になるだろう。

スタジアムは大規模建築物であり、周辺の景色が大きく変わる。どうしてもアクセスがあまり良くない郊外に建てられやすい。一方のアリーナは新規の都市開発や再開発の中心として位置づけられやすく、その都市が抱える問題も解決する理想的なものになりうる。

現代はレジャーの選択肢が多様化している。「あれもできて、これもできる」という複合施設が増えているのは、1つの業態だけでは集客に限度があるからに他ならない。

どんなに素晴らしいスタジアムを造っても、野球だけ、サッカーだけでは持続可能な施設になりにくい。

体育館からアリーナへ

「スタジアム」と「アリーナ」だけでなく、「体育館」と「アリーナ」は何が違うのですか、と聞かれることもある（図7）。

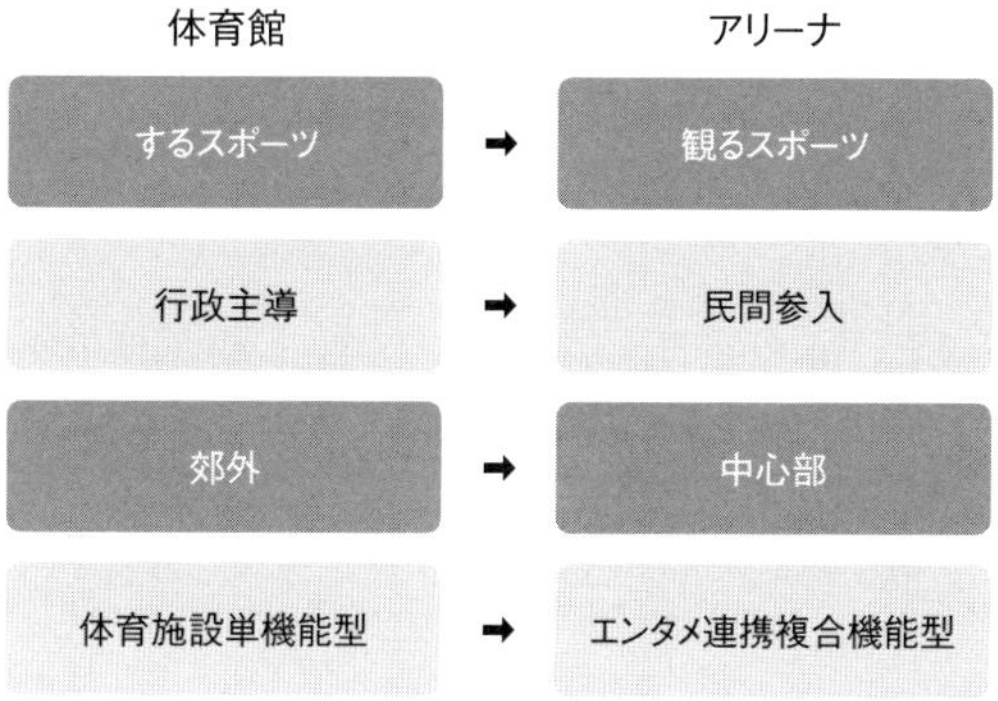

図7　体育館とアリーナの違い

体育館はスポーツをする場所だ。行政主導で運営され、必ずしも都市部になく、体育施設の機能に特化している。

アリーナはスポーツをすることも、観ることもできる空間だ。この「観る」が大事なのである。

ＮＢＡのアリーナは「観る」ことにこだわった造りだ。コートに対する座席の角度も考えられている。日本の一部の体育館のように、死角が生じる見切れ席はない。体育館は2階の観覧席から試合を観るが、アリーナはコートのすぐそばにも座席がある。選手のプレーを迫力満点に味わえることで、「観る」楽しみがさらに膨《ふく》らむ。

運営には民間の参入が期待され、交通アク

セスの良い都市部にあり、エンターテインメントと連携した複合機能を備える。

体育館では飲食が禁止されたり、軽食のみ許可されたりといった制限が課せられる。「観る」空間のアリーナは、プロ野球のような売り子が入り、温かい食べ物やアルコールも提供される。ゆったりとしたスペースで観戦できるＶＩＰルームも設けられる。コートエリアで熱く応援をしながら観戦してもいいし、家族や友人と過ごす時間を楽しんでいい。体育館では体験できない世界観が、アリーナなら作り出せるのだ。

私は体育館からアリーナへの移行を、6段階で考えている（図8）。

第1段階は「都度利用」だ。

自治体が所有、運営する体育館を、試合のたびに借りる。「ちょっと高いなあ」と感じるシティホテルに泊まるようなものだ。Ｊリーグのクラブとスタジアムの関係も、現状は都度利用が大半だ。

第2段階は「民間事業者による管理運営」である。

Ｂリーグの仙台89ＥＲＳがホームとする「ゼビオアリーナ仙台」は、郊外型のスポーツ専門店などを展開するゼビオホールディングスが事業主体となり、所有、運営を担っている。「する」体育館でなく、「観る」アリーナになっているのでたいへん観戦しすい。

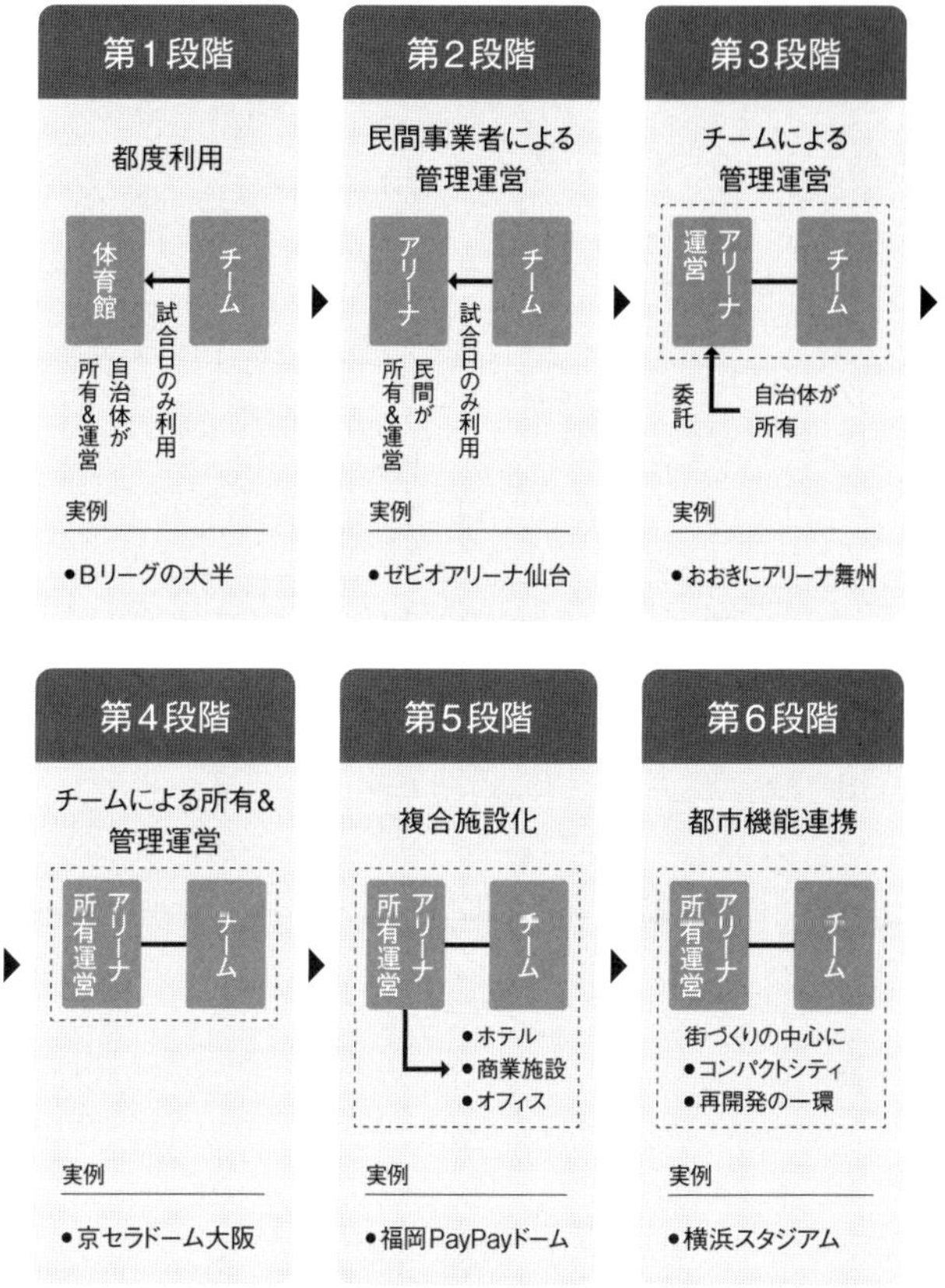

図8　アリーナの6段階
[参考]『スマート・ベニューハンドブック』(ダイヤモンド社)

「ゼビオアリーナ仙台」のアリーナ中央の天井には、６面センターマルチディスプレイが吊り下げられている。２階席と３階席を区切るように設置された全長２１３メートルのリボンビジョンなどの映像設備が、プロバスケットボールの試合にふさわしい演出を可能にする。メインアリーナにはＶＩＰルームを併設したＶＩＰ席があり、アルコール飲料を含む飲食が可能だ。

一般的に民間企業が運営をしているパターンは費用が高い場合が多い。言わばラグジュアリーホテルに泊まっているようなものである。また、チーム自身がアリーナを運営しているわけではないので、スケジュールはクラブの都合だけで決められず、チーム意向での施設改修も容易ではない。

第３段階は「チームによる管理運営」だ。地方公共団体が所有する施設を指定管理者として、あるいは業務管理で委託されて運営していくというスキームだ。長期の賃貸借契約を結ぶので、施設の使いかたについては自由度が高い。

Ｂリーグの大阪エヴェッサがホームにする「おおきにアリーナ舞洲」、Ｊリーグのガンバ大阪が本拠地とする「パナソニックスタジアム吹田」、ヴィッセル神戸のホームの「ノエビアスタジアム神戸」などが、チームによる管理運営にあたる。スケジュールはチームの意向で組みやすくなるし、原状復帰前提で改修も可能となる。

第4段階は「チームによる所有&管理運営」だ。プロスポーツチームが本拠地を保有し、管理運営をしていく。オリックス・バファローズの本拠地である京セラドーム大阪はオリックス不動産の所有運営で、実質的にチームによる保有に近い形で運営がなされている。第3段階が借家だとすれば、第4段階は一戸建て住宅を買ったということである。

自宅に住んでいるのだから、使いかたは自由自在だ。自分たちがいつ試合をするのか、自分たちで決めることができる。イベントスペースとして貸す際には、使用料を自分で決めることができる。自己裁量が大きく、施設改修もやりやすい。

第5段階は「複合施設化」だ。持ち家に大きな庭があり、車を複数台停められるガレージがあり、ガレージの隣には大きな倉庫がある、といった感じだ。

プロ野球の福岡ソフトバンクホークスが本拠地とする「福岡ＰａｙＰａｙドーム」は、九州最大規模のホールとしてコンサート会場や見本市会場としても使用されている。また、ドームのあるホークスタウンの敷地内には、２０２０年7月にエンターテインメントビル「ＢＯＳＳ　Ｅ・ＺＯ　ＦＵＫＵＯＫＡ」が開業した。

地上7階建てのビルは、ドーム3階部分のデッキ（外周通路）に接続されている。1階には福岡を拠点に活動するアイドルグループ「ＨＫＴ48」の新劇場が入り、吉本興業が運営する演芸専門劇場、最新のデジタル技術やＶＲなどの体験型アトラクションが設置された。次世代型複合エンターテインメント施設とプロ野球が一体化し、ソフトバンクホークスの試合が行なわれない日も人々が集まり、楽しめるエリアになっている。

第６段階は「都市機能連携」だ。

Ｂリーグの新潟アルビレックスＢＢがホームアリーナとする「アオーレ長岡」は、正式名称を「長岡市シティホールプラザ　アオーレ長岡」と言う。ＪＲ長岡駅近くに長岡市役所本庁舎、長岡市議会議場、市民交流ホール、市民協働センターなどが、市民交流の拠点施設としてまとまっている。そのなかに、「アオーレ長岡」も含まれている。

市役所の機能を市中心部の駅前に集約化し、多目的利用を前提としたアリーナも置くことで、市内はもちろん県内外からの人の流入を増やすことを目指す。そのツールにＢリーグが位置づけられているのは、スポーツにそれだけの価値があるという認識と受け止めていい。管理運営は長岡市が担っているので厳密には第６段階ではないが、チームと自治体の関係は密接で、都市機能連携を積極的に進めている好例である。

地方都市とプロスポーツの幸福な関係

この長岡市は新潟県内第２位の人口を擁《よう》しているが、多くの地方都市がそうであるように、人口は減少傾向にある。ただ、２０１２年に「長岡市シティホールプラザ　アオーレ長岡」が誕生してからは、長岡市を訪れる人や平日の歩行者通行量が増えているそうだ。訪れる人が増えれば、消費行動も増える。それによって、税収がアップする。新潟アルビレックスＢＢも、その一端を担っている。

新潟アルビレックスＢＢと長岡市が、地方都市の理想形と言ってもいい関係を構築できたのはなぜか。理由は１つしか思い当たらない。

信頼関係である。

「えっ、そんなこと？」と思う人がいるかもしれない。しかし、信頼を置けるパートナーでなければ、長く仕事を続けることはできないだろう。

かつてＢリーグでは、チーム及び行政の関係者向けに視察ツアーを開いた。アリーナの建設では行政との連携が不可欠なので、「ホームタウンの方もご一緒にお越しください」と声をかけてきた。

視察が終われば食事会となる。食事後も場所を変えて懇親を深めていくのだが、新潟アルビレックスBBと長岡市の行政担当者は、最後の最後まで残っていた。他チームの関係者の話を聞いて、ディスカッションをしていた。密接な関係を築いていることがうかがえた。

Jリーグのチーム関係者のなかにも、ホームタウンの市役所へ毎日のように足を運び、コミュニケーションをはかっている人がいる。それもまた、信頼関係の構築のためだろう。行政との強い結びつきを感じさせるチームは、ホームタウンの行政と正面から、誠実に向き合っているのだ。

私自身も横浜DeNAベイスターズで仕事をしていた当時は、横浜市役所に通い詰めた。日本には景観に関する法律「景観法」があり、横浜市は「景観条例」を施行している。横浜スタジアムの周辺に看板を立てたいのであれば、市役所の許可を得る必要がある。

地方公共団体との交渉などで、プロ野球の球団は優遇されていると思われるかもしれない。実際はそんなことはない。看板を1つ設置するのにも、きちんとした手続きを経ていた。そして、私たちが看板を立てたいと考える場所のなかには、市の景観保護の観点から好ましくないとされる場所も含まれていた。

市役所に何度も通った。そのたびに断られた。しかし、『はい、そうですか」と退くわけにはいかない。落としどころを探して、探して、納得してもらった。

仕事の進めかたとしてはひねりがないし、創意工夫にあふれてもいない。言ってみれば「ベタ」である。

それでも、信頼関係を突破口にするのは、否定されるものではないだろう。

熱意や誠意は、必ず相手に届く。

外圧から変化が起きるか？

ＪリーグやＢリーグの「スタジアム」「アリーナ」をめぐる新しい動きのように、日本のプロ野球が、今の関係者で内側から変わる、あるいは変えられるかといえば、なかなか難しい。オリックス・バファローズと横浜ＤｅＮＡベイスターズで働き、その後もプロ野球関係者と話をするなかでの私の率直な実感だ。

それならば、外圧による変化は望めるのか。

日本のスポーツだけでなく世界のスポーツの歴史を辿っても、大きな変革は内部からの働きかけでなく、間違いなく「外圧」によって起きている。

日本のバスケットボールがＢリーグの立ち上げへと動き出したのは、国際バスケットボール連盟（ＦＩＢＡ）からの通告が引き金だった。

日本バスケットボール協会が支援していたナショナル・バスケットボール・リーグ（ＮＢＬ）と、日本プロバスケットボールリーグが発足させたｂｊリーグが並立する状態を解消し、国内のトップリーグを統一しなければ、「東京オリンピックの開催国枠を与えない可能性もある」と通達されたのである。それでもＦＩＢＡを納得させる回答を用意できなかったために、ついには日本代表が国際試合に出場できなくなってしまった。

リーグの対立とは無関係の選手に悪影響が及ぶのは、紛れもない異常事態である。ようやくと言うべきか、ここからバスケットボール界は問題解決へ前向きになった。川淵三郎さんが代表を務めるチームが発足し、リーグの整備へ道筋をつけ、日本代表が国際舞台へ復帰できることとなった。

プロ野球にも国際競技連盟はある。２０１３年に設立された世界野球ソフトボール連盟（ＷＢＳＣ）で、その生い立ちは野球とソフトボールをオリンピック種目にすることだった。このため、ＦＩＢＡやＦＩＦＡ（国際サッカー連盟）、ＷＲ（ワールドラグビー）のような権限を有していない。世界一決定戦のワールド・ベースボール・クラシックはＷＢＳＣにとって公認大会で、主催はＭＬＢとＭＬＢ選手会が立ち上げたワールド・ベースボール・クラシック・インク（ＷＢＣＩ）である。

野球というスポーツは、国際競技連盟があり、その下に大陸連盟があり、東アジアなどの地域連盟があり、さらに各国協会（あるいは各国連盟）があるというピラミッド型の組織になっていないのだ。ＷＢＳＣが日本のプロ野球に何らかの働きかけをすることは、現実的に望めないと考えられる。ＦＩＢＡの圧力で日本のバスケットボールが変わったように、国際競技連盟からの働きかけで日本のプロ野球が変わるのは難しいかもしれない。他でもない日本のプロ野球界が変化を求めているのかどうかも、そもそも疑問を感じるところであるが。

プロ野球エクスパンション構想

国際競技連盟からの圧力が期待できないとすれば、野球界は仕組みを見直すに足る変化を他の力で起こすしかない。

２０２０年１月に在阪のテレビ番組で、王貞治《おうさだはる》さんが興味深い発言をした。「プロ野球チームをできるものなら16に、あと４つ球団が誕生してほしい」と語ったのだ。

パ・リーグのソフトバンクホークスで球団会長を務める〝世界の王さん〟の発言には、NPBの斉藤《さいとう》惇《あつし》コミッショナーも反応した。「前向きに検討させていただき、参考にさせていただいた」と16球団構想に触れたが、その直後から新型コロナウイルス感染拡大の第一波に日本が襲われ、コミッショナーは感染対策に忙殺されていくこととなった。

球団を増やすという構想は、永田町方面から声が上がったこともある。

２０１４年５月に自由民主党による日本経済再生本部が、「日本再生ビジョン」を発表した。７つの項目による提言に「成長の実感と実現を地方から」という項目があり、「地元愛、地域愛高揚による地方の活性化」の一案として、「『プロ野球16球団構想』等の実現による地域活性化」が以下のように語られている。

「わが国において国民的人気があるプロ野球について、球団数を12球団から16球団に拡大させ、２リーグ４地区制とする『プロ野球16球団構想』との改革提言が有識者からわが党へあった。わが国のプロ野球チームは55年前から12球団のままであるが、米国では、55年前には16球団であったところ、地方都市においてチームが順次誕生し、現在は30球団までになり、それぞれの球団運営も地域に根差した事業として成功している」と説明する。

また、「米国において地方都市に球団が次々に創設された結果、プロ野球市場が拡大し、結果として地域活性化にも寄与してきている」と、プロ野球の市場規模と地域活性化を関連づけた記述もある。

球団を増やすにあたって、具体的な地域にも言及している。

「わが国のプロ野球において、静岡県、北信越、四国、沖縄県などに球団の空白地域が残っており、プロ野球市場の拡大とそれを通じた地域活性化の可能性がある。（中略）政府に対しては、球団を増やすことと地域活性化の関連性と政府による支援策などに関し検討を加えるよう要請する」

しかし、新型コロナウイルスの感染拡大という予期せぬ、そして未曽有《みぞう》の事態に直面したことで、「16球団構想」はひとまず棚上げされるだろう。そのうえでビジネス的視点から言うと、球団を増やすのはリスクが高い。

プロ野球という興行では、年間71試合か72試合のホームゲームで２００万人の動員を目安としている。２０１９年シーズンで言えば阪神タイガースと読売ジャイアンツが３００万人を超え、福岡ソフトバンクホークス、中日ドラゴンズ、横浜ＤｅＮＡベイスターズ、広島東洋カープの４チームが２００万人以上を動員した。

もっとも少なかったのは千葉ロッテマリーンズで、166万人だった。それでも、1試合平均では2万3463人になる。

1試合平均で2万人以上、かつ年間で200万人をスタジアムへ呼び込むには、それなりの人口規模が前提になる。千葉ロッテマリーンズのホームスタジアムがある千葉県千葉市は、人口が98万人だ。スタジアム最寄りの海浜幕張《かいひんまくはり》駅には千葉駅から20分ほど、東京駅からは30分ほどで移動できる。

野球観戦ではお酒を楽しむファンも多いので、公共交通機関でスタジアムにアクセスできることが望ましい。また、プロ野球のナイトゲームは18時台開始がほとんどなので、仕事帰りのビジネスマンには少し早い。公共交通機関が整っていても、遠隔地では「帰りにふらっと」寄るのは難しいと言える。

一方で、人口と観客動員数の関連性を打ち消す事例もある。

Jリーグの鹿島アントラーズだ。ホームスタジアムのある鹿嶋市は人口が6万7000人で、隣接する潮来《いたこ》市が2万9000人、神栖《かみす》市が9万5000人、鉾田《ほこた》市が4万8000人と、大きな商圏を確保しているわけではない。地方都市に共通する悩みとして、少子高齢化にも直面する。

条件は厳しい。そのなかで、鹿島は1試合平均2万人を超える観客動員数を記録するシーズンもある。過去5シーズンでは２０１７年と２０１９年が2万人以上だ。

２０１７年のシーズンはＪ1リーグ戦で優勝を争ったが、最終的にタイトルはつかめなかった。２０１９年シーズンも無冠に終わっている。Ｊリーグ発足後にもっとも多くのタイトルをつかみ、常勝クラブを自認する鹿島だけに、どちらのシーズンも納得できるものではなかっただろう。それでも、観客動員数は落ち込まなかった。

つまり彼らは、勝敗に寄りかからないクラブ経営をしていると言うことができる。商圏の規模を考えると、鹿島の観客動員数は奇跡的と言ってもいい。

ＮＰＢでは年間２００万人の観客動員数を見込める商圏が理想だが、巨大すぎると別の課題に直面する。違う競技のプロスポーツチームがある、スポーツ以外に余暇の選択肢が多い、といった理由から、球団へのロイヤリティを醸成しにくい。

自民党が「日本再生ビジョン」であげた静岡県、北信越、四国、沖縄県を、プロ野球の球団を持つ都道府県または地域として精査すると、私には現実感が乏しい。プロ野球の開催規格を満たすスタジアムがすでにあり、交通の利便性を確保できるとしても、施設が老朽化していたら観客動員数は伸び悩む。

ＮＰＢが示すガバナンスに則《のっと》れば、新球団は当面の間は損失覚悟で運営しなければならない。コロナ禍という新しい日常のなかで、赤字覚悟でもプロ野球の球団オーナーになるという企業が、４つも手を挙げてくれればいいが、現実的には簡単ではないだろう。

また、チーム数が増えると、そのぶんだけ意見が分かれる可能性が高まり、意思決定が難しくなるという面もある。その現実に違う角度から光を当てると、野球界のバランスが崩れるということだ。おそらくは保守派と改革派に分かれるだろう。２００４年にオリックスと近鉄が合併、その後楽天とソフトバンクが参入し球界内のパワーバランスが変わり始めた。そして２０１２年、ＤｅＮＡが球界参入して新風を起こす。それ以降、新しい動きはなく無風である。球界内のパワーバランスが崩れ、改革機運を再び起こしていく可能性があるという意味では、16球団構想はありかもしれない。

いずれにせよ、「より多くのファンにプロ野球を届けたい」とか、「野球人口の減少を食い止めたい」といった理由で球団を増やすのは、本質的でなくナンセンスである。球団を増やせば、その分だけファンが増え、野球人口が増えるという単純な話ではないし、市場規模が大きくなるわけではない。むしろ世界のトレンドはレスイズモアの発想で、少ない数で構成し、価値を高めていく方向である。球団数を増やすよりもまずは球界内のガバナンスを変革してリーグ主導の形にしていくことのほうが大事で、それを実現していくためのステップとして「16球団構想」を前進させたいのなら、意味はあると思う。

時代は昇降格のない「閉鎖型」へ

一方、Ｂリーグにとってのアリーナは、リーグの未来を左右する。

すでに述べたように、Ｂリーグは２０２６年に新Ｂ１の基準を大きく変更するが、その本質的な目的は各チームの経営基盤の強化にある。そして、それを「降格のないエクスパンション型リーグ」への移行へつなげたかったからである。

Ｂリーグは Ｂ１が20チームで、Ｂ２が16チームで構成されているが、Ｂ１のチームはもちろんＢ２へ降格したくない。そのために、できるだけいい選手を保有しようとする。コートに立つのが5人のバスケットボールは、選手人件費が勝率につながる確実性が他競技と比べて高い。お金をかければ勝てる可能性が上がる、つまりＢ２へ降格するリスクを少しでも軽減できるということで、各クラブの売上げが上がっていたという要因も含め、Ｂリーグの開幕から選手人件費はずっと跳ね上がっていた。

選手の報酬がアップするのは「悪」ではない。プロバスケットボール選手を目指す中高生に、大きな夢を与えることにもなる。

しかし、選手人件費の伸びが突出している一方、事業投資が進みづらい、またフロントスタッフの給与が上がっていかない現状を、Ｂリーグ事務局は危惧していた。

「頑張ってＢ１に昇格したのに、１年でまたＢ２に降格してしまった」というケースがなくならない限り、各クラブは選手を集め続ける。選手人件費は減らない、中長期的なクラブ経営がしづらい、という負の連鎖が続く。

Ｂリーグにはクラブライセンス制度があるので、選手の年俸の高騰にある程度の歯止めはかかっている。それでは、昇降格制度のあるプロスポーツのリーグ戦はどうかというと、ヨーロッパ各国のサッカーリーグでは危険水位にあるチームが目につく。一般企業なら、すでに経営破綻しているレベルのチームさえある。

たとえば、イングランドのプレミアリーグの市場規模は７０００億円で、ヨーロッパのサッカーリーグではもっとも大きいが、３分の１以上のクラブが赤字となっている。

健全さを担保できているのは、ドイツのブンデスリーガぐらいだ。クラブライセンス制度が歯止めになっている。

一方、ヨーロッパ各国のサッカーリーグとは対照的に、アメリカの４大スポーツは堅調である。

両者の違いはどこにあるのか。

それは、アメリカ４大スポーツには昇降格がないことが大きい。基本的に戦力を統一して、どこが勝ってもいいような閉鎖型になっている。４大スポーツではないが、サッカーのＭＬＳも１部制だ。下部リーグに相当するリーグはあるものの、チームの入れ替えは行なわれない。

昇降格のある完全競争型は、そのリーグに関心のある人には最高に面白い。優勝争いと残留争い、さらには国をまたいだ大会の出場権をかけた争いもあったりして、シーズンの最終盤までハラハラドキドキが続く。

こうなると経営者側は必死だ。シーズン序盤から下位に低迷していて、このままでは下部リーグに降格する危機が迫れば、監督を代えたり選手を緊急補強したりするだろう。あらかじめ予備費を計上しているとしても、臨時の出費である。にもかかわらず降格したら、目も当てられない。

だから、世界のスポーツのトレンドは、昇降格のない「閉鎖型」へ向かっている。

プロ野球でもサッカーでも、バスケットボールでも卓球でも、自分たちのチームだけでは事業が成り立たない。相手チームがいることで、初めてチケットを売ることができる。

この商品設計では、実力が拮抗《きっこう》したチームが競い合ったほうが盛り上がる。そのためにも、特定のチームに優秀な選手が集中しないほうがいい。毎年の新戦力は自由競争ではなくドラフトで獲得するものとし、成績が下位のチームから指名権を得るドラフト（ウェーバー）方式にするＭＬＢやＮＢＡのやり方は、閉鎖型のリーグに競争力をもたらすものとして有効なのだ。

完全競争型と閉鎖型の決定的な違いは、コンペティターをどこに置くのかに尽きる（図９）。昇降格のある環境では、競争相手は同一リーグのチームだ。これが閉鎖型になると、リーグ全体が１つの会社のようになる。Ｂリーグならリーグ事務局が本店で各クラブが支店だ。チーム同士は成績を競い合うものの、共存共栄していく関係である。この場合のコンペティターは他のスポーツやスポーツ以外のエンターテインメント、あるいは旅行業界や飲食業界などになる。繰り返すが、このためにも「アリーナ」が大切になってくる。

閉鎖型のリーグは、ビジネスモデルとして欠点が少ない。ただし、新規参入の扉はむろん開けておく必要がある。ＭＬＢもエクスパンションを段階的に行ない、現在の30球団となっ

	開放型モデル	閉鎖型モデル
イメージ	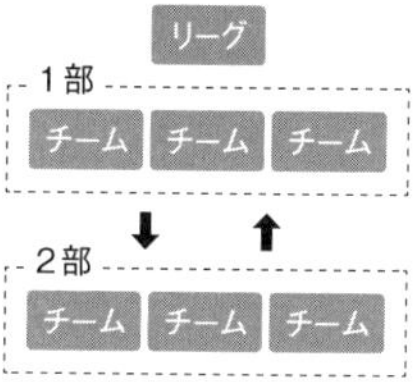	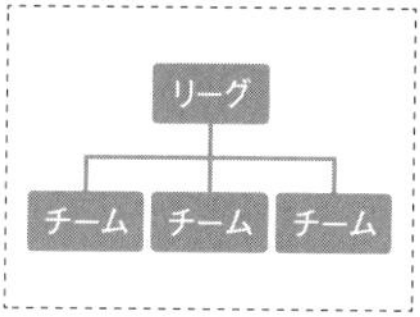
思想	完全競争社会	運命共同体／戦力均等
リーグ	プレミアリーグ／ セリエ A ／ Jリーグ	NFL ／ NBA ／ MLB
新規クラブ参入	可能	原則不可
競合の定義	他チーム	他スポーツ
レギュレーション	昇降格制度	サラリーキャップ／ ドラフト（ウェーバー）／ FA（選手保有権）
マネールール	リーグ配分金	リーグ配分金＋ クラブ間配分金 （収益分配制度）
リスク	• 経営安定リスク （過度な選手投資）	• 法務リスク （独禁法関連）

図9　開放型モデルvs.閉鎖型モデル

た。
さらに増やすとの構想も、絶えず浮上している。

Bリーグにも「参加したい」と手を挙げているチームが多くある。事務局側も新規参入の扉を開けておきつつ、すでに参加しているチームが安定して経営ができるようにエクスパンション、つまりリーグを拡張していこうという考えで動いている。昇降格制度が問題なのでなく、降格制度に大きなリスクがあるという考えである。

もちろん、「入りたい」というチームをすぐに、すべて、受け入れるわけではない。新規参入チームは、一般的に実力が見劣りする。MLBが進めてきたエクスパンションの歴史を見ても、参入当初は下位に低迷しがちだ。

チームの実力に大きな隔たりが生じて、対戦前から結果が分かるようなカードが生まれてしまうのは、リーグにとっても選手にとっても、もちろんファンにとっても良くない。エクスパンションをするとしても、資本力、アリーナ確保状況、行政との関係などを鑑みて慎重に進めていかなければならないだろう。

Jリーグが「閉鎖型」に移行したら

エクスパンション制の議論は、実はJリーグの古くて新しいテーマにも関わってくる。シーズン制だ。

Jリーグは2月から3月に開幕して11月から12月に終了するが、世界のサッカーの中心であるヨーロッパは、7月から9月に開幕して、翌年の5月から6月に終了する。4年に一度のワールドカップも、ヨーロッパ各国リーグが終了した後のタイミングで開幕する。2022年のカタールワールドカップは11月開幕だが、これは現地の気候を考慮した例外的な措置だ。

世界のサッカーの中心地であるヨーロッパと同じカレンダーのほうが、国際的な活動はスムーズに進む。ここで問題となるのが、日本の寒冷地のサッカー環境だ。

ヨーロッパのシーズンに合わせると、12月、1月、2月にもリーグ戦が行なわれる。北海道、東北、北陸は雪に覆われる季節で、それらの地域でのリーグ戦の開催、ホームタウンを持つチームの日々の練習、あるいは試合のために降雪地を訪れるチームや観客の交通手段の確保など、様々な課題が横たわる。

解決策がないわけではない。１月から３月の期間は降雪地帯で試合を組まなければ、リーグ戦は開催される。

それでも議論が進まないのは、リーグ戦の開催に関する規約に理由がある。「同一大会でアウェイゲームが３試合以上連続しないこと」と明文化されているのである。ホーム試合が続くと入場者数に大きな影響を与えることと、ホームタウンを長期間離れることになったクラブが不利益を生じないための措置と考えられる。

ここで言う不利益とは、優勝争いや残留争いへの影響だ。アウェイゲームの連続で調子を落としたことが、Ｊ１からＪ２へ降格する遠因になったりしたら、当事者としてはスケジュールにクレームをつけたくなる。

エクスパンション制にして降格をなくせば、そうした不安を消去できる。雪と付き合いながら、リーグ戦を開催できる。アウェイゲームが続くチームへの経済的補填は必要だろうが、シーズン制移行への道筋が見えてくるだろう。

Bリーグのアリーナ事情

話をBリーグのアリーナに戻そう。

Bリーグのチームが本拠地とするアリーナは、1年間の使用日数が30日ほどにとどまる。バスケットボール以外の屋内スポーツを呼び込むとしても、アリーナの使用日数が劇的に増えることはない。1万人規模のアリーナなら、アーティストのコンサートや音楽会、演奏会などで100日から150日は稼働させたいところだ。

そうなると、大都市圏で交通至便、という条件が付く。

B1のサンロッカーズ渋谷は、青山学院大学の青山キャンパス内にある「青山学院記念館」でホームゲームを開催している。表参道駅と渋谷駅からアクセスできる、最高のロケーションにある。

1つだけ残念なのは、アルコール類が提供できないことだ。大学のキャンパス内にある施設だから、というのが理由だ。

既存の施設には様々な制約が課せられているので、体育館を改修する、アリーナを新設する、ということになったら、その基本構想段階からチーム側が話し合いに加わっていくことが望ましい。出来上がったものを「これを使ってください」と渡されても、必要なものが欠けていたり、不要なものがあったりして、使い勝手が良くないということが起こり得るからだ。

「沖縄アリーナ」を本拠地にする琉球ゴールデンキングスは、地方公共団体と基本構想段階から話し合いを重ねていった。彼らは、沖縄アリーナを「来場する人々や主催者の利便性に重きを置いた『観る』ための施設」と公言している。ＮＢＡのアリーナのようにＶＩＰ専用エリアやスイートルームがあり、来場者の動線も考えられている。ホスピタリティが重視されているのだ。また、イベントに必要な舞台などの設営と撤去をスムーズにするために、大型トラックが通行できる搬入出口が２ヵ所用意されている。「使う側」にも配慮が届いているのだ。

新しいアリーナの建設構想は、沖縄だけではない。

シーホース三河は２０１９年９月に、新アリーナ建設の基本計画を取りまとめた。アルバルク東京は東京・青海地区に２０２５年に完成予定の大型複合施設を、ホームアリーナにすることになっている。

千葉ジェッツは2019年4月に、「夢のアリーナプロジェクト」を発表した。Bリーグ開幕の2016〜17シーズンから4シーズン連続でシーズン最多の平均入場者数を記録しており、1万人規模のアリーナが2023年夏を目処に建設されていく予定だ。

アルバルク東京や千葉ジェッツのようなB1の強豪クラブだけでなく、B2やB3のクラブも地方公共団体と連携して新アリーナ構想を具体化している。2026年の新リーグ構想でアリーナライセンスをさらに引き上げたからで、クラブのハード面についてはバスケットボールがサッカーの先を行くだろう。

2020年12月の臨時国会で、スポーツ振興くじの対象にバスケットボールを追加する法案が成立した。

これまでくじの収益は、スポーツ助成の財源となってきた。今後は新型コロナウイルスの感染対策にも使われていくかもしれないが、東京オリンピック・パラリンピック後はスポーツ関連の補助金が減ることから、売上げ向上策として2022年春にも、Bリーグがスポーツくじの対象となる。

これにより、バスケットボール界にも助成金が出るはずだ。新しいアリーナの建設資金に充てることができる。これは大きい。

アリーナを他の競技と共有する

アリーナではなく体育館と呼ばれてきた時代から、バスケットボールの会場はエンターテインメントのコンテンツでも使われてきた。アーティストのライブ、プロレスやボクシングに加えて、最近ならｅスポーツはバスケットボールのアリーナ案件に近い。

他のスポーツとの併用も、もちろん可能である。競技スペースの多少の違いはあるだろうが、すぐに思い浮かぶのはバレーボール、ハンドボール、バドミントン、卓球といった種目だろう。

ＮＢＡはＮＨＬと手を結んでいるチームが多い。バスケットボールのコートサイズが横28ｍ×縦15ｍなのに対して、アイスホッケーは横56～60ｍで縦26ｍ～30ｍだ。サイズがぐっと大きくなる。このパターンだと、バスケットボールのコートの作りかたを、工夫する必要がある。

サイズの親和性なら、フットサルのほうが可能性はある。国際試合規格で長さ38～42ｍ、幅20ｍ～25ｍだ。フットサルは全国リーグの「Ｆリーグ」が２００７年から開催されており、

1部リーグのF1は12チーム、2部リーグのF2は6チームで構成されている。新型コロナウイルスの感染拡大以前は5月開幕で開催されており、秋開幕のBリーグとはスケジュールのすみ分けもしやすい。たとえば、レバンガ北海道のホームアリーナである北海道立総合体育センター（北海きたえーる）ではFリーグ・エスポラーダ北海道の試合も行なわれている。

バスケットボールとフットサルでは、観客が求める見やすさに違いがある。応援のしかたを含めた観戦スタイルのこだわりもそれぞれだ。観戦環境にはそうした課題があるものの、検討する価値はありそうだ。

このように、経済効率性の観点からも、スポーツの競技施設はマルチファンクション（多機能）が理想的であると言っていい。

２０２０年3月に完成した「京都府立京都スタジアム（サンガスタジアムby KYOCERA）」は、サッカー、ラグビー、アメリカンフットボールなどの専用球技場だ。J2リーグの京都サンガFCが、ホームスタジアムとして使用している。

このスタジアムはバックスタンドの下に、クライミング施設を備えている。

屋内施設としては日本で初めて、ボルダリング、リード、スピードの3種目で国際競技基準を満たす。幅20m・高さ16mの大きなリードウォールが屋内にあるのは、世界的にも珍しい。クライミングの愛好家なら「一度は行ってみたい」と思わせる施設だと聞く。ピッチだけでなくスタジアム全体の空間利用として、他にはない着想だと思う。

気になるのはアクセスだろう。スタジアム最寄りのJR亀岡駅は、京都駅から快速電車で21分、普通電車で28分の距離にある。遠くはない。だが、近くもない。

亀岡市は京都と大阪のベッドタウンとして発展しているが、「スタジアムの他にもあれがあるから行こう」と思わせる「あれ」が見つけにくい。クライミングとのマルチファンクションは興味深いのだが。

エンタメに正しい対価を！

私は、エンターテインメントにお金を払うという文化が、日本は先進国に比べて深まっていないと感じる。

昭和の時代はプロ野球も大相撲もプロレスも、テレビでタダで観ることができた。エンターテインメントもテレビ発信だった。スポーツにしろ、エンターテインメントにしろ、生で観戦することが好きな人はいる一方で、「テレビで十分」と考える人は依然として多い。

新型コロナウイルスの感染拡大が収束し、ワクチンが安定的に供給されるようになれば、大規模イベントの実施条件は緩和されていくだろう。コロナ以前の生活様式にすぐには戻らないかもしれないが、たくさんの人が同じ場所でスポーツや音楽を楽しむ時間が取り戻されていくに違いない。そこでは、スポーツや音楽を「生で観る」ことの価値が再認識されていると想像する。スポーツビジネス業界に、好機が訪れる。

スポーツを「観る価値」を自覚する人が増えていくことに合わせて、ニューヨークのマジソンスクエアガーデンのようなエンターテインメント会場が、日本の大都市にも造れないだろうか。質の高いエンターテインメントは私たちの生活を豊かにしてくれるものであり、電気や水道といった公共サービスと同じように「観る行為」にお金を払う文化が育まれていくと、日本のスポーツやエンターテインメントはステージが１つ上がる。

そのための舞台装置として、アリーナとシアターを併設するマジソンスクエアガーデン級の会場が欲しいと思うのだ。スポーツビジネスの総仕上げとして、いつか私自身が取り組んでみたい仕事の１つである。

Chapter 04

GLOBAL

―したたかに世界をうかがう存在であれ―

「外向き」の発想を手に入れる

あなたの会社には、外国籍の上司や同僚がいるだろうか。

あなたの学校には、外国籍の父や母を持つ同級生や先輩がいるだろうか。

性別、人種、国籍、宗教、年齢、学歴、職歴などの多様性を活かしたダイバーシティ経営には、企業の競争力アップにつながる期待感がある。スポーツチームなら外国籍の監督の招聘や選手の獲得が、チーム力アップの有効な手段とされている。

スポーツには「外向き」の視点が欠かせない。国内のチャンピオンになることがチームの最終目標では、選手もファンも閉塞感を覚えていく。経営的にも「赤字にならなければいい」といった内向きの方針では、チームとしての発展が望めない。

２０１９年のラグビーワールドカップをきっかけに、「ワンチーム」という言葉が広まっていった。日本代表のジェイミー・ジョセフ監督の下に集まった31人の選手たちは、「自国開催のワールドカップでベスト8入りする」というはっきりとした目標を共有していた。それが簡単ではないことも共通理解とされていた。

　ワールドカップに挑むプロセスでは、監督と選手の衝突、選手同士の衝突もあったと聞く。しかし、彼らが繰り広げたであろう意見のぶつかり合いは、「ワールドカップでベスト8入りするため」のものだった。1人ひとりがしっかりとしたアイデンティティを持っていて、個人のエゴが入り込むことがなかったから、日本代表は勝利に向かって「ワンチーム」になれたのだろう。ダイバーシティの良さが、存分に生かされたのだと想像する。

　経営も同じようにできればいいのだが、毎週末に試合があるわけではないし、同業他社とリーグ戦で争っているわけではない。数字で読み取れる成果や課題はあるものの、スポーツの現場のようにはっきりとした結果が出ないので、ラグビー日本代表のような「ワンチーム」になりにくいところがある。

国際化はとまらない

　内向きか、外向きか、という視点は、スポーツビジネスにももちろん当てはまる。やはりというべきか、アメリカの4大スポーツは日本に先駆けて「外向き」のビジネスを展開していった。

ＭＬＢの開幕戦が日本で行なわれるようになったのは、２０００年シーズンからである。日本では２００３年、２００４年、２００８年、２０１２年と不定期で開催されてきた。２０１９年に東京ドームで行なわれたシアトル・マリナーズ対オークランド・アスレチックス戦は、イチロー選手の引退試合になった。

同じ２０１９年の６月、ＭＬＢはロンドンで公式戦を開催した。スポーツと言えばサッカーとラグビー、それにクリケットが人気の国に乗り込み、２試合で11万８７１８人の観客を動員した。第１戦に集まった５万９６５９人は２００３年以降のレギュラーシーズン最多で、海外公式戦でも最多の観客となった。しかも、チケット販売の70パーセントはイギリスの住民が購入したものだった。

ＮＢＡはプレシーズンのゲームを１９８０年代から、レギュラーシーズンのゲームを１９９０年代から、それぞれ海外で開催している。日本では１９９０年代にレギュラーシーズンのゲームが多く行なわれた。

ＮＦＬはロンドンとメキシコでレギュラーシーズンの試合を開催している。ロンドンでは８万人規模の動員を、コンスタントに記録している。

ＮＨＬの海外公式戦は、ヨーロッパで１９３０年代から行なわれてきた。日本では１９９

７年に初めてレギュラーシーズンが開催され、１９９８年と２０００年にも世界トップクラスのプレーが展開された。近年は中国へシフトしている。

アメリカ４大スポーツがプレシーズンやレギュラーシーズンの試合を海外へ持っていくのは、市場規模の拡大を目指したものに他ならない。ＮＢＡは１９９２年のバルセロナオリンピックでドリームチームが世界を熱狂させ、その余波をアメリカ国内だけでなく世界へ向けるために海外展開へ乗り出した。当時ターゲットとなったのは日本で、ＮＢＡは一大ブームを巻き起こすことになる。ＮＢＡに特化したバスケットボールの専門誌も誕生した。日本のバスケットボールには興味がないけれどＮＢＡは観る、という属性が生まれた。

ヨーロッパのサッカークラブでも、21世紀に入るとプレシーズンの世界ツアーが盛んになった。最初のうちはクラブチームが単独で世界を巡り、訪問先のクラブと親善試合をしていた。それが近年では、複数の有力クラブが同一大会の枠組みで世界を転戦するビジネスモデルになった。スペインの巨大クラブ、レアル・マドリードの一員となった久保《くぼ》建英《たけふさ》選手も、移籍後初の対外試合に臨んだ場所はアメリカだった。

スポーツで世界をつなぐ

ＮＢＡとその上位団体のＦＩＢＡは、アフリカでコンペティションを始めた。アフリカ大陸全土を舞台にしたバスケットボールリーグ、「バスケットボール・アフリカリーグ」を12カ国12チームの参加で、２０２０年3月13日に開幕できる準備を整えた。新型コロナウイルスの感染拡大で延期になってしまったが、ＦＩＢＡとＮＢＡの協調は時代の流れを感じさせた。

ＦＩＢＡはワールドカップを開催しているが、アメリカは必ずしもベストメンバーを派遣しない。２０１９年大会はＮＢＡのトップ選手に辞退が相次いだ。

利益相反の関係にある2つの団体は、ＢＡＬと呼ばれる「バスケットボール・アフリカリーグ」創設でなぜ手を組んだのか。答えはシンプルだ。

アフリカという未開の市場を開拓するための共闘である。

ＮＢＡはリーグの運営に関わり、ＢＡＬを通じてＮＢＡを認知させていく。そのために、ＮＢＡをアフリカで視聴できるルートを広げていくのだ。有望選手のスカウトも、その選手の母国でＮＢＡのコンテンツ力を高めるためである。

世界最高峰の実力を持ち、９０００億円の市場規模を持つＮＢＡが、「これからはアフリカだ」と宣言しているのだ。このまま国内のみにこだわっていたら、日本バスケットボール界は世界から置いてきぼりにされてしまう。

ここで２つの視点に立つべきだと考える。

１つ目の視点は、Ｂリーグというコンテンツの海外向けの販売だ。

Ｂリーグは「アジア最高峰のリーグ」を目指している。それならば、アジアの人たちが憧れるリーグにしなければならない。それが、２つ目の視点である。

２０１９年の世界人口で、１位は中国、２位はインドだ。４位にはインドネシア、６位にパキスタン、８位にはバングラデシュが入ってくる。世界の人口の６割はアジアで、２０５０年までの伸び率でも世界の地域別でトップだ。

ＧＤＰでもアメリカとヨーロッパはシェアを減少させる一方で、中国を含むアジアの新興国、途上国は国際的なシェアを拡大させていく。市場としての将来性は、疑いなく高い。政治や経済だけでなくスポーツも、アジア各国と連携を深めていくべきだろう。

アジアは多言語だ。日本語、中国語、韓国語、ヒンディー語、ベンガル語、ジャワ語、タミル語、ベトナム語、タイ語、などが使われている。英語を共通言語とすれば国をまたいで人と人がつながることはできるが、言語を越えて結びつけることができるのは、スポーツが本来持っている重要な力だろう。

ラグビーの畠山《はたけやま》健介《けんすけ》選手がこのようなことを言っていた。「世界の人がつながり、１つになることができるコンテンツは、宗教、音楽、そしてスポーツだと思う」と。

そのなかでもスポーツは、とりわけ万人がフラットにつながるツールになりうると思う。

国内の市場規模において、卸売業は１００兆円を超える。電気機器業界は80兆円超だ。日本のスポーツをそこまでの規模にするのは難しいが、現状より大きくすることはできるはずだ。

なぜ、スポーツの市場規模を大きくしたいのか。

オリンピックで金メダルを獲るため、という考えではない。売上げも勝利も突き詰めるとすべて手段に過ぎない。自分の大切な人はもちろん、名前も顔も知らない人、違う国で暮らしている人の生活が、スポーツで豊かになる。そんな未来を、私は思い描いているからだ。

アジアマーケットのポテンシャル

スポーツビジネスにおける「グローバル」では、アジアのマーケットがある。

アジアへ目を向ける理由は２つある。中長期的に見れば、少子高齢化の国内は需要が頭打ちになる。他方、スポーツの持つ可能性は文字どおりグローバルに開かれている。

日本の中高生は、ＮＢＡやＭＬＢのチームのグッズを身につける。アジアへ行くとＮＢＡやＭＬＢに加えて、ヨーロッパやＪリーグのクラブのユニフォームをカジュアルに着ている若者に出会う。ＡＳＥＡＮと呼ばれる東南アジア諸国は、人口が増加していき、経済成長率も高い。国内市場のシュリンクを嘆く時間があれば、グローバルな戦略を構築していくべきなのだ。

Ｊリーグは２０１２年に「アジア戦略室」を立ち上げた。それに先立って２００９年から、通常の外国籍選手枠と別にアジア枠を設け、２０１４年からは提携国枠を設けてきた。各クラブがアジアの選手を迎え入れやすい環境を、選手登録の面から整備したのである。

成功例として分かりやすいのはタイとの連携だ。タイ代表の選手でもあるチャナティップ・ソングラシン選手がＪ１リーグの北海道コンサドーレ札幌に入団すると、タイの大手放送局トゥルー・ビジョンがＪリーグのライツホルダー（放映権）を持つようになった。

グローバルな戦略は、チームにも事業的なメリットをもたらす。チャナティップ選手をはじめとするタイ人選手の試合を観るために、日本を訪れるタイ人観光客が増えた。アジア市場への進出をはかりたい日本企業が、Ｊリーグのクラブのスポンサーになるシナジー効果も生まれている。また、韓国人選手やタイ人選手が加入したＪリーグのチームに、韓国企業やタイの企業がスポンサーとして名を連ねるケースも増えてきた。

アジアのバスケットボールでは、フィリピンと中国が巨大市場だ。

東南アジアのほとんどの国では、サッカーがＮｏ・１スポーツとして君臨している。バスケットボールの「バ」の字も見つけられないのだが、フィリピンではナショナルスポーツだ。アジア初のプロリーグもフィリピンで立ち上げられている。

中国はサッカーがナショナルスポーツだが、姚明のＮＢＡ入りをきっかけにバスケットボール人気が高まった。とくに上海エリアではずば抜けた人気を誇っている。

チャイニーズ・タイペイでは、野球とバスケットボールが人気を二分する。バスケットボールは準プロリーグが２００３年から発足し、現在５チームが加盟。そして２０２０年からプロリーグとしてP.LEAGUEが立ち上がり、４チームが加盟。言わば、台湾版のＮＢＬとｂｊリーグが存在し、４年前までの日本バスケットボール界を見ているかのようである。

２０１８年９月にＢ１の４つのクラブと中国、韓国、フィリピンの合計12クラブが参加した国際大会「テリフィック12」は、日本のバスケットボール関係者にアジアのポテンシャルを示すものとなった。インターネットの視聴者数がフィリピンは日本の20倍、中国は同２５０倍を記録したのだ。

こうした国々をターゲットに海外放映権を販売していくために、Ｂリーグでは２０２０〜２１シーズンから「アジア特別枠」を設けている。対象国は中国、チャイニーズ・タイペイ、インドネシア、フィリピン、それに韓国だ。

各チームのヘッドコーチは、これまでのように主力となるアメリカ人選手をコートに立たせながら、アジア特別枠の選手も起用できる。

全チームがすぐにアジア特別枠を活用しているわけではないものの、Ｂ１の三遠ネオフェニックスはフィリピン代表のサーディ・ラベナ選手を迎え入れた。フィリピンの大学で３年連続でＭＶＰを獲得し、Ｎｏ・１プレーヤーと評される選手が、自国のプロリーグではなくＢリーグでプロデビューすることとなり、オンラインで行なわれた入団会見にはフィリピンから多数のメディアが訪れ、ファン向けにもライブ中継された。

彼はインスタグラムのフォロワーが29・7万人もいる。Ｂリーグの選手のなかでは、飛び抜けて多い。

ラベナ選手が加入した三遠は、愛知県豊橋市にホームアリーナを置く。愛知県における外国人住民の約15パーセントはフィリピン人だ。三遠の「遠」は静岡県の遠州地域を意味するが、そのなかの浜松市にもフィリピン人が多く住んでいる。ラベナ選手が熱く支持される地盤が、整っているわけだ。

また、信州ブレイブウォリアーズには、韓国出身の梁宰玹《ヤンジェミン》選手が入団している。アンダーカテゴリーから国際舞台で活躍した韓国の次代を担うタレントで、来日前は全米大学体育協会（ＮＣＡＡ）の強豪から誘いを受けていた。新型コロナウイルスの感染拡大でＮＣＡＡ入りはならなかったそうだが、将来性豊かな選手がＢリーグを選んでくれたのは嬉しいニュースだった。

アジア特別枠には、インドネシアを含んである。マーケットとしてはそれほど大きくないのだが、２０２３年のワールドカップは日本、インドネシア、フィリピンでの共催が決定している。ワールドカップ共催へ向けてバスケットボール熱が高まることを予想して、インドネシアへBリーグを発信していく狙いを込めている。

アジア特別枠は２０２０～２１及び２０２１～２２シーズンの運用としている。それ以降については、制度導入にあたって掲げた「多様な選手との対戦による日本選手の競技力向上」「アジア市場でのマーケティング、スポンサー獲得」の効果を検証し、改めて再検討することになっている。

「政治」の重要性

もう少し広い視点に立って、競技の発展を考えてみる。

スポーツ界で働くようになってから14年になるが、グローバル化はなかなか進んでいない。

Bリーグの仕事に従事していた当時、東アジアバスケットボール協会の理事も兼務していたが、日本人からすると「何だ、これは？」と首を傾《かし》げることが少なくなかった。たとえば、オリンピック予選の組分けを見ると、イランやヨルダンなどの西アジアのチームが有利になっていたり、国際試合の審判の派遣についても、作為的なものを感じざるをえないことがあったりした。

マーケティングについてもしかりだ。ＦＩＢＡのパートナー企業には中国の企業が名を連ねており、当然ながらそれは、中国の影響力が高まっていくことを意味する。

同じことはバスケットボール以外の競技でも起こっている。そこで、日本としての利益を確保していくために、スポーツ庁やＪＯＣは国際競技連盟に日本人を送り込もうとしている。これについては、私自身も全面的に賛同する。

２００８年と２０１２年のオリンピックでフェンシングの銀メダリストに輝いた太田雄貴《おおたゆうき》さんは、日本フェンシング協会会長、国際フェンシング連盟副会長を務め、ＩＯＣのアスリート委員に立候補している。日本オリンピック委員会の推薦によるもので、太田さん自身も前向きだ。

彼は「水は上から下へ流れる」と言う。一般的に、チームの上にリーグがあり、リーグの上に日本バスケットボール協会のような国内を統括する団体があり、その上にはＦＩＢＡのような国際的に統括する団体が存在する。その階層はきれいに縦に積まれており、太田さんの言う通り、得てして上からいろいろな方針が降りてくる。競技の最前線（下）で交わされている声を、競技をまとめる団体（上）へ届けるには、最前線を知る人材が上に行くしかない。

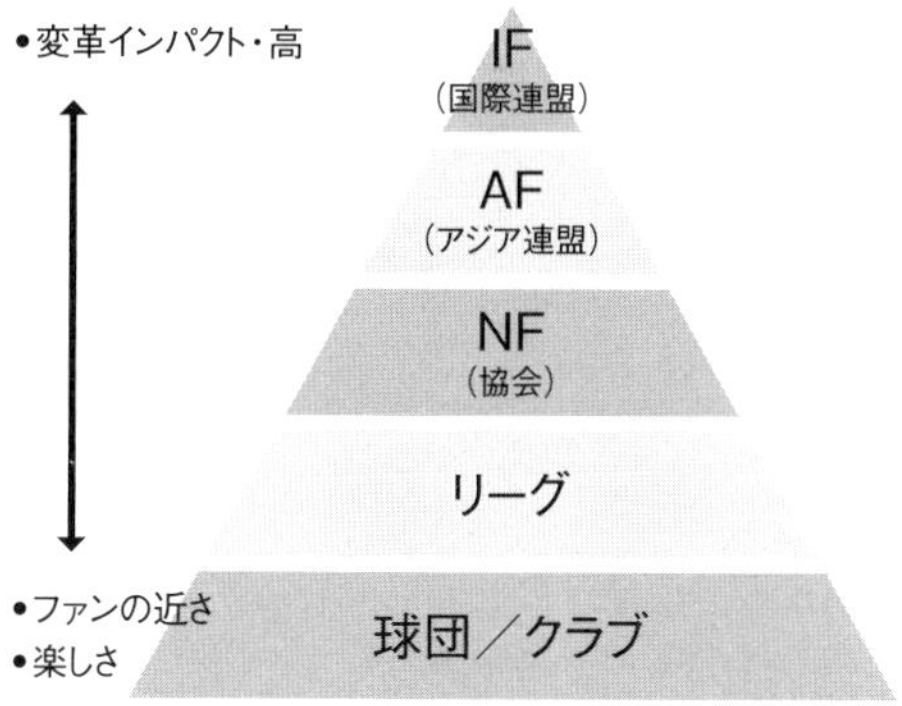

図10　国際的な上位団体の重要性

私のスポーツビジネス歴は球団からスタートし、リーグ立ち上げを経験して、協会の仕事もさせていただいた。球団で働いている時は、リーグが変革しないと厳しいと感じていたし、いざリーグへ来ると、今度は制度設計の根本が協会側にあって、そちらを改革しないと難しいと感じるようになった（図10）。つまり、仕事をすればするほど、上位団体に対する問題意識が強くなり、川上に意識が向いてしまう自分がいた。

そういう意味で、国際競技連盟に日本人を送り込もうとする機運は間違いなく正しいと考えるし、もっと活性化させていくべきである。一般的にスポーツビジネスというと、チーム経営を想起することが多いが、リーグや協会への人材輩出は今後の日本スポーツ界を考えるとより大事である。チーム経営の人材と求められる人材要件も大きく異なるので、今後はより深い議論が進むことを期待したい。

ＦＩＢＡは、２０２３年に会長選がある。会長選は４年に一度で、会長は６大陸の持ち回りとなっている。現在はアフリカ大陸が会長を出しており、２０２３年からの４年はアジアに順番がまわってくる。

ここで日本は立候補するべきだ、と個人的には考える。

アジアから会長を出すことになれば、中国の姚明は最有力候補の１人だろう。現在ＦＩＢＡアジアのチェアマンでもあり、彼が会長の椅子を射止める可能性は十分ある。ＦＩＢＡの理事にはアジアから中国、マレーシア、日本が名を連ねているが、西アジアの国も手を挙げてくるに違いない。姚明を含め複数の候補者が争う構図になるだろう。

国際競技連盟で会長職に就いた日本人は、過去に４人しかいない。１９５２年から１９６５年まで国際柔道連盟会長を務めた嘉納履正《かのうりせい》さん、１９７９年から１９８７年まで同連盟会長職にあった松前重義《まつまえしげよし》さん、１９８７年から１９９４年まで国際卓球連盟会長を任された荻《おぎ》村《むら》伊《い》智《ち》朗《ろう》さん、それに２０１７年から国際体操連盟の第９代会長を務めている渡邊守成《わたなべもりなり》さんだ。国際競技連盟の会長に日本人が就任したら、これは大変なニュースだ。

ＦＩＢＡの会員数は２１３団体で、ＦＩＦＡの２１１国と地域、ＦＩＮＡ（国際水泳連盟）の２０８国と地域を上回る。ＦＩＶＢ（国際バレーボール連盟）の２２２ヵ国には及ばないが、ＩＯＣに対しても一定の影響力を発揮できる。

日本バスケットボール界は２０１６年にＢリーグが開幕し、２０１９年にはワールドカップに21年ぶりの自力出場を果たした。ＮＢＡプレーヤーも出てきている。バスケットボールにまつわる複数の歯車が同時に回り出している今のタイミングで、アジアからＦＩＢＡの会長を選ぶことになっているのだ。黄金の好機が到来している、と言っていい。

期せずして東京オリンピック・パラリンピックが延期となり、国際競技連盟の要職にある人物が２０２１年に東京に集結する。新型コロナウイルスの感染拡大が収束に向かっていることが開催の条件になるが、そうなれば、日本にいながらにしてロビー活動ができるのだ。スポーツ庁も巻き込んで、日本人候補を擁立するべきだと思う。

スポーツも政治だ。国際競技連盟の会長やＩＯＣの理事といった役員のポストを得なければ、自分たちの意見は通しにくい。それが叶わなければ、各委員会へ日本人を派遣する。委員会は財務、マーケティングといった分野ごとに構成されているので、それぞれの分野の詳細な情報を得やすい。

もう１つは国際競技連盟の事務局へのスタッフ派遣だ。国際競技連盟の意思決定も、Ｂリーグやリーグと同じように理事会が最終決議の場所になる。その前段階として専門の委員会で話し合われるのだが、決議事項を実務として動かしていくのは事務局だ。ここに集まる情報は委員会よりも全般的で、その濃度も濃い。会長や理事はもちろん欲しいポストだが、事務局に人材を送り込むことで入手可能な情報は多いと言える。

上位団体へ日本人を送り込むことの意義

国際競技連盟へ人材を送り込むべきだとの思いは、東京オリンピックのマラソン競技のコース変更問題でさらに強まった。

東京から札幌への変更は突然で、一方的に映った。変更はＩＯＣのジョン・コーツ調整委員会委員長、東京２０２０組織委員会の森喜朗《もりよしろう》会長、東京都の小池百合子《こいけゆりこ》知事、東京２０２０オリンピック・パラリンピックの橋本聖子《はしもとせいこ》担当大臣による四者協議で正式決定したが、その前段階としてＩＯＣのトーマス・バッハ会長が「日本の組織委員会との協議の結果、マラソンと競歩の会場を札幌へ変更する」と発言した。

バッハ会長を札幌への変更へ駆り立てたのは、２０１９年９月の世界陸上だったと見られている。マラソンは深夜11時59分にスタートしたが、女子では68人の出場選手のうち28人が途中棄権した。高温多湿の気象条件が影響したもので、東京オリンピックのマラソンは男子、女子ともに午前6時スタートとなっているが、それでも暑さに不安が残るというのがバッハ会長の見解だった。

　とはいえ、会長が独断で変更を決められるはずもない。周囲に相談したはずだ。そのなかにはＷＦ（ワールドアスレティックス／国際陸連）のセバスチャン・コー会長が含まれており、彼が札幌への変更を進言したと報道は伝えている。

　ここで問われるのは、ＷＦと日本陸上競技連盟（日本陸連）の関係だ。ＷＦと密接な関係を築いていれば、セバスチャン・コー会長は「ＩＯＣは札幌へ移転したいと言っているけど、日本陸連はどう思う?」と聞いてくるはずだ。おそらくはそのような強いパイプを持っていなかったことが、日本陸連にとって致命的だったと私は見ている。

　日本陸連内部のガバナンスも効いていなかった。

　変更を受けて記者会見した瀬《せ》古《こ》利彦《としひこ》マラソン強化戦略プロジェクトリーダーは、「急に札幌と言われても切り替えられない。ただ、ＩＯＣという力の前にはどうしようもない」と、無念さを滲《にじ》ませた。そうかと思えば、日本陸連の事務局長は「反省もあるが、ＩＯＣは我々より大きな考えで決定している。それに準じていくのが、我々の立場だ」と説明した。ＷＦと日本陸連、日本陸連の事務局と現場を束ねる瀬古さんが、歩調を合わせることができなければ、同じ方向へ進むこともできていなかった。それがつまり、統制が取れていなかったということである。

その結果、何が起こったのか。

東京オリンピックのマラソンコースを使って代表選手を選考したのに、選手たちはそのコースを走れなくなってしまった。オリンピック開催国のアドバンテージが、失われてしまったのだった。

何か大きな決定や変更をする際に、日本人は根回しをする。水面下で承認を取り付けておいたり、交換条件を提示しておいたりして、話を進めやすくするのだ。

外国人はそこまで根回しをしない。政治の世界では下交渉があるものだが、スポーツにおいては真っ向勝負が多い。忖度《そんたく》もない。

事前の合意形成などをはからないから、その場では意見が衝突する。ここで日本人は、反論できない。札幌へコースが変更されたら困るのに、誰も正式に「ＮＯ」とは言わなかった

「はい」か「YES」しか言えない日本人にこれから必要なもの

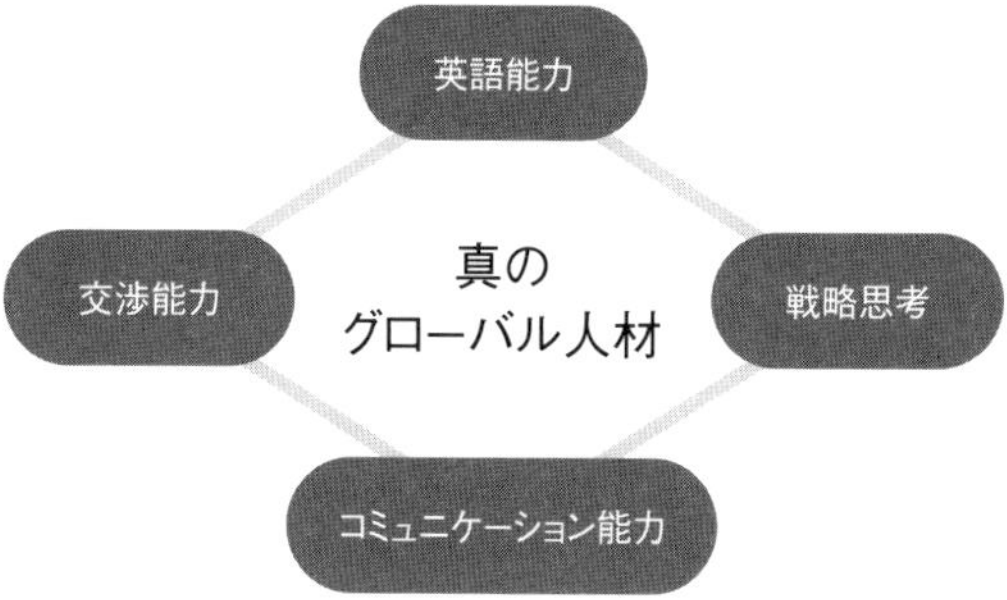

図11　真のグローバル人材とは?

のだろう。

前大阪市長の橋下《はしもと》徹《とおる》さんは「コース変更に反対するなら、東京オリンピックをやめると言えばいい」と発言したが、劣勢のあの局面を変えるには、それぐらい思い切った意思表示が必要だったと思う。一か八かの駆け引きだが、苦いものをただ呑み込むだけでは交渉と言えない。

交渉のテーブルに、誰もが納得できる解答はない。折衷案でも、どちらか一方の妥協の幅が大きいものだ。

自分たちの主張を示したうえで相手の意向に沿えば、「貸し」を1つ作ることができる。交渉で大切なのは「勝ちかた」ではなく「負けかた」であり、負けるなら「貸し」を作るのが国際交渉の本質だと思う。真のグローバル人材とはそういうことだ（図11）。

自分たちが蚊帳《かや》の外に置かれないように、日常からパイプを作っておく。加えて、結論から逆算した交渉のシナリオを練っておく。自分たちの利益が損なわれることに対して「NO」と言うのは、そのためのキーファクターと言っていい。「YES」か「はい」としか言えない日本人では、世界と戦えない。

物事をダイナミックに変えたいのなら、上へ行くしかない。政治もやるしかない。それが現実世界である。

プロにふさわしいリーグを作りたいのなら、クラブで頭角を現わした人材はリーグや協会へ吸い上げ、さらに選りすぐりの人材は国際団体へ送り込む。それぐらい思い切った施策を講じていいだろう。

アジアNo・1クラブ決定戦構想

Bリーグの「グローバル」戦略はもう1つある。アジアのクラブコンペティションの整備である。

ＦＩＢＡはＦＩＦＡを横目で眺めていて、サッカーのクラブワールドカップに相当する大会を開催したいとの構想を持っている。ＦＩＢＡは１９６６年に欧州とアメリカ大陸の王者を決める大会として、「インターコンチネンタルカップ」をスタートさせていた。しかし、１９９６年を最後に休止された。ＮＢＡのチームが参加していないのだから、「クラブ世界一を決める大会」との看板は信頼度が高いと言えなかっただろう。

「インターコンチネンタルカップ」は２０１３年から再開されたものの、当初はヨーロッパと南米のチャンピオンによる対戦で、２０１９年からヨーロッパと南米のクラブ王者にホスト国のチーム、それにアメリカから将来のＮＢＡ選手を育成する「Ｇリーグ」の覇者が参加しているが、大会の注目度も知名度も高くない。ヨーロッパと南米のチャンピオンにアフリカ、アジア、それにＮＢＡのチャンピオンを加え、インターコンチネンタルカップを文字どおり世界一決定戦に生まれ変わらせたい、というのがＦＩＢＡの思惑なのだ。

その第一歩として、ＦＩＢＡはＮＢＡと手を組んでアフリカ大陸全土を舞台にしたバスケットボールリーグの創設にこぎ着けた。

２０２０年から２０５０年までに、世界人口は25億人増加すると推計されている。そのほとんどはアフリカで起こると言われており、世界のシンクタンクは「アフリカ諸国の本格的な成長は２０５０年以降になる」と予想している。ＦＩＢＡとＮＢＡがアフリカへ乗り込んだのも、この巨大市場で先行するために他ならない。

　ＦＩＢＡはもちろんアジアも重要なマーケットの１つとみなしている。２０１９年の中国でのワールドカップ、２０２１年の東京オリンピック、２０２３年のフィリピン、インドネシア、日本共催のワールドカップ開催で、バスケットボール界にとってまさに今は「アジアゴールデンイヤー」である。中国、日本、フィリピンなどを含むマーケットは、彼らも無視できない。

　アジアでは「ＦＩＢＡアジアチャンピオンズカップ」が１９８１年から開催されている。もっとも、その中身は整理されていなかった。中央アジア、湾岸地域、西アジア、南アジア、東南アジア、東アジアの各地域からチームが集まることになっているが、開催年によって参加しない地域があり、近年はプロリーグのあるフィリピンのチームさえも参加していなかった。

　出場チームの顔触れが整ったのは２０１８年である。

中国、韓国、日本、フィリピンが揃って参加するようになった。日本もこの年から復帰し、アルバルク東京が２０１８年に準優勝、２０１９年には優勝を飾り、クラブチームのレベルにおいても日本バスケットボールのプレゼンスを示した。

　インターコンチネンタルカップがＮＢＡのクラブも含めたフォーマットになれば、その出場権を争う「ＦＩＢＡアジアチャンピオンズカップ」の価値が高まる。ＦＩＢＡアジアチャンピオンズカップの価値が高まれば、その出場権を得るためのＢリーグの価値も高まる。「世界へつながるＢリーグ」となるのだ。

　選手たちが試合に注ぐ熱は、より一層高まっていくだろう。競技力がアップすれば、コンテンツとしての魅力が増す。「Ｂリーグは白熱しているよ、面白いよ」という評価が広がっていけば、新規のスポンサーや新たな放映権の獲得などにつながっていく。

　個人的には、日本のバスケットボール選手に夢を持ってもらいたいと考えていた。Ｂリーグの王者になり、アジアの王者にもなれば、ＮＢＡのチームと真剣勝負ができる、という夢だ。

　ＦＩＢＡアジアチャンピオンズカップが興行として軌道に乗れば、大会規模を拡大しようという動きが出てくる。スポーツの国際大会では、それが自然な流れだ。

　たとえば、アジア王者を決める戦いにＢリーグ優勝チームだけでなく3位まで出場できることになれば、リーグ戦はこれまで以上に盛り上がる。昇降格なしでもファンの関心を集められるリーグに、なっていけるのではという期待が膨らむ。ＮＢＡのチームと真剣勝負をしたら、ボロボロにやられてしまうかもしれない。いや、おそらくやられてしまうだろう。相手が最初から最後まで全力で挑んできたら、とんでもない点差がついてしまうと思う。

それでも、いいのだ。ＮＢＡのチームに負けたからといって、Ｂリーグの価値が損なわれることはない。結果はどうあれ、日本国内では注目を集めるのは間違いない。ＮＢＡのチーム相手に活躍した選手は、ＮＢＡのチームから興味を持たれるかもしれない。勝ち負けを超えたメリットがたくさんある。

日々の部活に汗を流す中学生や高校生にも夢を与えるはずだ。「自分がＢリーグのチームに入って、いつかＮＢＡのチームを打ち負かしてやる」という意気込みを持った選手が、きっと現われる。バスケットボール関係者の気づかないところで、未来への種が蒔《ま》かれていくのだ。

育成年代と呼ばれる年齢から「世界」へ目を向けるのは、スポーツ選手の「グローバル化」に必須の条件だ。

Ｂリーグ創設にあたって、Ｕ15（15歳以下）チームの保有を条件とした。これは、「世界に通用する人材の育成」を念頭に置いたものだ。プロのバスケットボール選手としてではなく、まったく違うジャンルで社会へ飛び出していくことになっても、世界を知ることは邪魔にならないし、むしろこれからの時代には必要なことだからである。

新型コロナウイルスの感染が世界的に拡がる直前の2020年2月に、BリーグのU15選抜を韓国へ派遣した。韓国内の同世代最強決定戦に出場するために、初めて選抜チームを編成した。

勝ち負けはもちろん重要だが、選手たちには「国内だけではなく海外にもライバルがいる」ということを意識してもらいたかった。中学生年代から世界を意識していけば、日本一になることがゴールではなくなる。「グローバルな人材育成」と言えば語学力が最初に挙げられるが、自分たちとは異なる文化や価値観に触れることも、複数の国をまたいだビジネスで成功する条件だろう。

これからの日本バスケットボール界に必要なものをシンプルに挙げるとすれば「アジアのリーダーとしての自覚」だ。コート上では選手たちが頑張り、少しずつ世界に近づいていっている。ビジネス面においても、チーム、選手たちが頑張り飛躍的な成長を遂げている。これだけ成長して、かつ親会社の支援がなくても自走できているチームが大半を占めるバスケットボールのリーグは、アジアではおそらく日本しかないだろう。世界で見てもＮＢＡを除くとすぐに思い浮かぶ国はない。どこの国のリーグも経営に苦心している。アジア各国を回っていてよく質問されるのが、どうやってビジネスを成功させたのか、ということ。アジア各国が日本に注目していて、そのノウハウを欲している。

ＮＢＡは世界のバスケットボール界のリーダーとして、アジアや日本でもクリニックを展開している。日本バスケットボール界もＮＢＡのように少しずつ困っている国を助けていくべきだろう。ましてや、日本はバスケットボール暗黒の時代に何度もアジア各国に助けてもらったという歴史的経緯もある。

アジアのリーダーとして、ノウハウをアジア各国に提供することで、日本にもビジネスメリットが生まれてくる。アジアのバスケットボールの水準も上がっていく。そして何より、アジアのバスケットボール少年がいつかＢリーグのコートに立ちたい、と思って日々練習する。私たちの明日を少しでも豊かにできることを純粋に求めていく思いが、スポーツには大事なのだと思う。

Chapter
05

ENGAGEMENT

―招待券からデジタル活用まで―

「広さ」と「深さ」と「速さ」

Bリーグはデジタルマーケティングに力を入れてきた。プロ野球やJリーグがなしえなかった統合データベースの確立で、市場を拡大していった。顧客情報を各クラブではなくBリーグが管理することで、「どの席を買っているのか、どんなグッズを買っているのか」といった細かなニーズを、カルテのように整理している。

マーケティングという言葉を他のプロスポーツより打ち出しているからなのか、私の在職中には「Bリーグはマーケティングがうまくいっていますね」とか「どういうマーケティングをしているのですか」といった質問を多方面から受けた。

リーグだけでなくクラブスタッフのみなさんも同じ感覚だと思うが、当事者としては、特別なことをやっている感覚など抱いていなかった。

たとえばビジネスシーンや学校で「頭がいい」とされる人がいるが、具体的には3つのパターンがあると思っている。まずは勉強ができるといったことにかかわらず頭の回転が速い人。もしくは、一般的な視点を超えて視野が広い人も頭がいいと呼ばれる。そして、深く洞

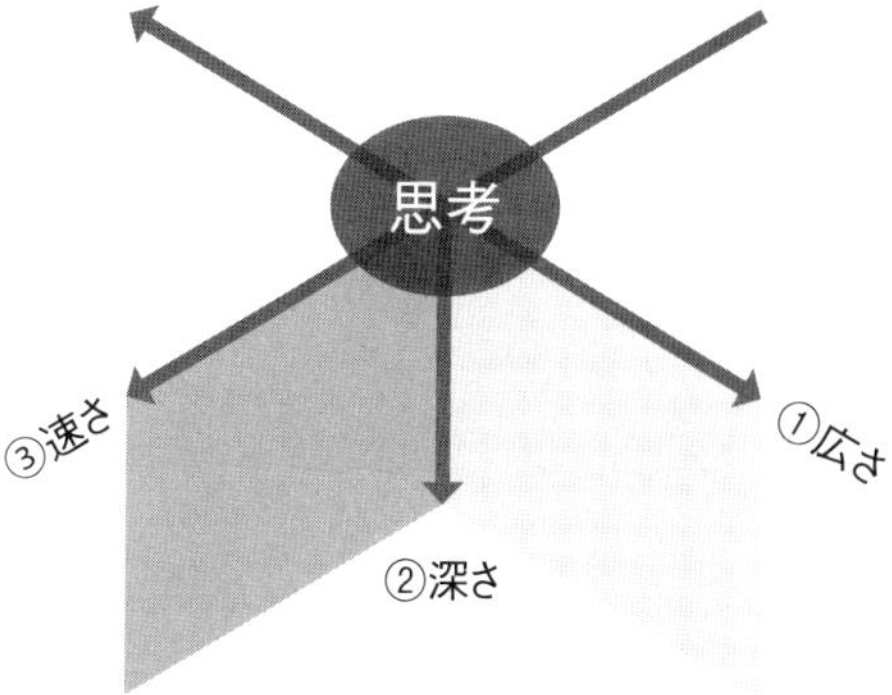

図12　マーケティングの基本的考え

察できる人も同様に見なされる。つまり、「頭がいい」には速さと広さと深さがある。

マーケティングも同じだ。この3つの要素が大事なのである。このとき、順番を間違ってはいけない。一に広さ、二に深さ、三に速さだ（図12）。

まずは市場全体を俯《ふ》瞰《かん》する。いきなりマーケティングの施策を考える人がよくいるが、まずは全体像を把握するべきだ。「この市場はこういう構造だ」と言い切るのは難しいかもしれないが、広さをつかんで仮説を立てることで、次のステップとなる深さへ進んでいく。

具体的な対策を検討する段階で起こりがちなのは、アイディア先行のディスカッションだ。「これをやろう、あれをやろう」と活発な議論が交わされるのは結構だが、自分たちのイシューを——情報の受け手の関心がどこにあるのかから考え、自分たちは何を考えるべきなのかをしっかり設定することが大事である。

スポーツ観戦でライト層と呼ばれる人たちには、特徴的な傾向がある。自発的に「よし、行こう」と考えるよりも、「誰かに誘われたから行ってみる」という人が大半であることだ。

そうだとすれば、ライト層を取り込むには誘う側を知る必要がある。

すでにバスケットボールを観戦したことのある人は、どういう情報があれば友だちや同僚を誘うのか。どういう関係性の人を誘っているのか。誘いかたのメカニズムを知らなければ、誘われる側のライト層には辿り着けないだろう。

企画会議では「何でもいいからとにかくアイディアを出せ」と言ってはいけない。「ライト層の来場を増やすために、何が障害になっているのか」といったように具体的なテーマを打ち出してから、アイディアブレストをすべきである。

議論するイシューを設定した後のアクションは、考えすぎず、とにかくアイディアを出し、ヒット＆エラーの感覚で実行に移していくと良いだろう。みなさんの会社の研究開発でも同じだろうが、実用化されるのは１０００のうち１つ、１０００のうち１つというぐらいの確度であって、人間の感情に訴えるサービスは何が当たりなのかは誰にも分からない。広さと深さが見えたら、矢継ぎ早に具体策を講じていく。データを見ながらのヒット・アンド・エラーでいいのだ。

「誘う、誘われる」の関係性を見極める

スポーツを試合会場で観てもらうには、「誘う、誘われる」の人間関係を読みとっていかなければならない。

子どもに誘われた親、孫に誘われた祖父母は、よほどのことがない限り断らないだろう。男性が女性から誘われた場合も、一般的には応じる可能性が高い。

会社内は人間関係が複雑に入り組む。同期という横のつながりは連帯感があり、仕事が終わった後も一緒に過ごすことに抵抗を感じない間柄が多い。

上司が部下を誘うと、強制のように受け取られることがありそうだ。逆に、部下が上司を誘うと、上司は喜びそうだ。私なら嬉しい。

立場の強い人が弱い人を連れ出した場合は、二度目の観戦につながらないことが多い。典型的なのは上司が部下を誘うケースで、部下は心のなかで「面倒くさいなあ」と思ったりする。上司の隣に座っていること自体が苦痛で、観戦に身が入らない。試合が終わるのが待ち遠しくて、どちらが勝つのか、誰が活躍するのかには興味が湧かない。試合会場をあとにする部下の心は、「やっと終わった」というネガティブな感情で占められている。こういう体験をした人が、もう一度来てくれるとは考えにくい。

上司と部下の組み合わせでも、スポーツ観戦を楽しんでくれる人はもちろんいる。ただ、立場の弱い人が強い人を誘うほうが、ストレスがかかりにくいのは確かだ。

初めての観戦でつまずいてしまうと、二度目、三度目が期待できない。一度目の観戦が楽しいものになるような仕掛けが、運営サイドから演出できたらいいのだが。

顧客満足と推奨意向は違う

スポーツでも映画でも、演劇でも舞台でも、自分が観に行って面白かったら知り合いに勧めたくなる——私自身はずっとそう考えてきたし、自分でも行動に移してきた。私のなかでは、顧客満足度と推奨意向が比較的結びついていたのだ。

ある時、各チームの顧客満足度と推奨意向を分析していたのだが、興味深いデータが上がってきた。

あるチームのファンの傾向は、「ウチのチームの試合は面白いから、次回は誰かを連れて行きたい」というものだった。ところが、「ウチのチームの試合は面白いから、誰も連れて行きたくない」と回答する傾向が強いチームもあった。

面白い試合なのに、勧めたくない。連れて行きたくない。理解できないメンタリティだった。一般的なマーケティング論でも顧客満足度と推奨意向は違う概念として語られるが、実際にスポーツの世界でも顕著な傾向として現われるのは、正直に言って意外だった。面白いなら教えたいと考えるのが普通じゃないのか——自分たちの「普通」を押しつけている時点で、思考停止に陥っていることに気がついた。

私が思い浮かべたのは、音楽のアーティストのファン。売れていない時からライブハウスで応援していたファンが、アーティストがメジャーになった瞬間に冷めるパターンがある。本当に好きなものは知られたくない、自分だけのものであってほしいという深層心理が働くことがある。

お気に入りのレストランも同じだろう。いつ行っても満足度の高いそのお店を、自分はツイッターやインスタグラムにアップしているか。していない。予約が取りにくくなってしまうから、できる限り知られたくないのである。

スポーツイベントも同じだ。人気が出たらチケット入手の倍率は上がる。自分の好きな対象がスポットライトを浴びるのは嬉しいけれど、それまでのように自由度が高く観られなくなってしまうのは困る。それならばいっそ、人気が出ないほうがいいと考える人がいてもおかしくない。

プロスポーツはある意味で実利主義の社会だが、日本人は欧米人のように割り切った考えかたをしない。人情に働きかけるところがあり、それを空気として読み取っていく。クラブの体質はチーム作り、空間作りに反映され、やがては会社組織としてのフィロソフィーに仕上がっていく。

そうした考えかたに立つと、マーケティングを重視すると同時に組織としての世界観、具体的にはどういうチームにしたいのかという強い意志が問われる。強い意志を欠いたマーケティングに意味なし、と言ってもいい。

オープンなプラットフォームではあらゆる情報が公開される。ウェブや画像から動画へ軸足が移っていくことで、格好良く振る舞っても真実をあっさりと見透かされてしまう。自分たちのすべてをさらす覚悟で臨まなければならない以上、小手先のマーケティングでは間違いなく失敗する。取り繕《つくろ》える時代ではないのだ。

招待券の正しい使いかた

プロスポーツの興行では、招待券を配ることがある。台風や大雨などの自然災害が多い近年は、被災した人々にスポーツを楽しんでもらうという観点に立って、無料で招待することもある。

一般的に招待券はチケットの売れ行きが良くない試合で使われる。前売り券が売れていない、これはマズいぞ、招待券でどうにか埋めるぞ、という発想だ。

プロ野球のオリックス・ブルーウェーブは、イチロー選手がメジャーリーグへ移籍した2001年以降、観客動員にかなり苦しんだそうだ。当時は「グリーンスタジアム神戸」と呼ばれていた本拠地は地下鉄の最寄り駅が目の前にあり、高速道路のインターチェンジも近い。スタジアムのある神戸総合運動公園は、駐車場の収容台数も多い。鉄道でも車でもアクセスは悪くないのだが、神戸市の中心部からはやや遠い。スター選手を失ったことで、スタジアム観戦の訴求力が落ちてしまったのだった。

球団は市内全域を対象に招待券を配った。最初のうちは配っていたのだが、そのうちにスーパーマーケットのレジ横に置くようになった。

商品の会計を終えた人は、遠慮がちに１枚、２枚と取っていく。次に買い物に行った時も、招待券は山積みになっている。今度は家族全員分ということで４枚取る。翌日も４枚取る。オリックスの試合はタダで観られる、という意識が浸透してしまい、招待客以外はめっきり来なくなってしまった。

それでは困るということで、職員が自分たちで招待券を配ることになった。足を使って得意先を回っていくと、最初のうちは「ありがとう」と喜ばれた。

ところがある日、馴染みの方から「招待券なんていらないから、菓子折りでも持ってこい」と言われた。言葉に詰まる職員に、その男性は、「あんたたちが置いていった招待券を、オレはみんなに配ってやっているんだぞ」と詰め寄られたそうだ。招待券を配る目的が、完全に破綻してしまった例である。

モルヒネで強い痛みを抑えると、副作用に悩まされることがある。招待券も同じだ。配りすぎると受け取る側の感覚が麻痺してしまう。

上限を決めて戦略的に配れば、それなりの効果は期待できる。また有望なターゲットの顧客情報が得られるのであれば、招待券を出しても良いという考えは成り立つ。しかし、招待券でとにかく埋めるぞという焦りに駆られたバラまきは、ブランディングの意味でも失敗を招く。

私の考える招待券の配りかたは、「とにかく埋めるため」ではない。

無料でもいいから招待するのは、顧客満足度と推奨意向のどちらも高め、二度目、三度目の観戦につなげてもらうためだ。そのためには、自分たちが持っている商材のなかでも、お勧めの試合に触れてもらったほうがいい。いいものを知ってもらわなければ、良さを分かってもらえないだろう。

前売り券の売れていないガラガラの試合ではなく、週末に開催される好カードに招待する。本来なら必要のない試合にあえて招待券を使う割り切りが、マーケティングとしては正しい選択だと思う。

Bリーグでも招待券が使われることはあるが、有料入場数が大半である。初代チェアマンの川淵三郎さんが、「招待券に頼るな」とキツく指導したからだ。リーグとしてのガバナンスが、開幕当初から働いている。

安易に招待券で観客席を埋めるのは緊急避難措置でしかない。スポーツマーケティングにおいては、慎重に慎重を重ねて判断するべきなのである。

あるべき地域貢献とは

日本のプロスポーツは地域密着、地域貢献、地域の活性化を掲げている。チーム側の具体的な手段としては、選手や職員が地元の商店街を回るとか、イベントに参加することだ。

私がプロ野球球団で働いていた当時も、地道に商店街を回ったことがあった。最初のうちはとても好意的な反応が返ってくる。「来てくれてありがとう」と感謝される。

ところが、二度、三度と回数を重ねると、「招待券をくれたりしないの？」と言われることがあった。また、状況によっては選手のイベント参加を強く求められたこともあった。

招待券を配ったり選手がイベントに参加することが、本当の意味での地域貢献なのだろうか？

チケットはチームの資産なのだから、価値を毀《き》損《そん》するようなことがあってはいけないのだ。

地元の商店街との顔つなぎに招待券を配るなら、スタジアムをお客さんで埋めたほうがいい。何万人ものお客さんが、試合前に商店街で買い物をして、試合後にまた商店街で食事をする。野球観戦のお客さんで賑わえば、レストランも居酒屋も、コンビニもホテルも売上げが増える。試合を告知するポスターを持っていっても、喜んで貼ってくれるだろう。

お店の収入が増えれば、行政の税収も増える。それによって行政サービスが充実すれば、地域のみなさんの生活が潤う手助けをしたことになる。

地元の売上げに貢献せずして、商店街で店主と親睦を深めることが大切なのか。地域のごみ拾いに協力すれば、地域貢献になるのか。もちろん1つ1つは大事なことで否定はしないが、スタジアムを満員にすることが先決で、そのうえでの活動であろう。やれることは有限なのだから。地域貢献活動ばかりして満員になっていないのなら、それは順番が違う。

「地上戦」と「空中戦」

私が考えるチケットの売りかたとは、「地上戦」と「空中戦」だ。

地上戦は誰もがイメージする営業方法だ。商店街を一軒ずつ回ってチケットを売る。小さな数字を積み上げて、ノルマへ近づけていく。

多変量解析に基づいて、試合の開催月、曜日、開始時間、対戦相手、スタジアムなどを分析していくと、「普通にやればだいたいこれぐらいは来る」という基礎的な入場予測数が立つ。目標値に対してこの実数が到達していなければ、残りは気合で売っていく、というような手法だ。

私自身もオリックスで実践していたものだが、その他多くのプロ野球の球団も、Ｊリーグも、Ｂリーグも、革靴の底をすり減らす営業で数字を上げている。新型コロナウイルスの感染拡大でテレワークが広がっても、商店街を一軒ずつ訪ねる営業スタイルはなくならない気がする。

一方、オリックスから転職した横浜ＤｅＮＡベイスターズでは、地上戦に軸足を置いた営業をしていなかった。

ブランディング重視である。

具体的にはテレビとの連携で「盛り上がっている感」や「満員感」を演出していった。私が働いていた当時は、中畑《なかはた》清《きよし》さんが監督だった。みなさんがご存じのようにサービス精神にあふれている方だから、テレビ局も使いやすかっただろう。

「満員」でなく、「満員感」というところがポイントである。ＤｅＮＡの球界参入時は週末ですらガラガラで、満員にするのがとにかく大変だった。ＤｅＮＡの横浜スタジアムは盛り上がっているらしい、という演出をしていきながら、まずは土日のカードだけ満員にすることを球団内の目標としていた。実際に週末を満員にできると、「土日はチケットが手に入りません」と胸を張ってアナウンスできる。ファンは「土日が売り切れなら、平日も売り切れるかもしれない」という心理になり、いつの間にか全試合のチケットが取りにくいというサイクルになっていく。実際に売上げは伸びていき、いまやＤｅＮＡのチケットにはプレミア感がある。

オリックス型の泥臭い地上戦がいいのか、ＤｅＮＡ型のブランディング重視の空中戦がいいのかといった、二者択一の議論がしたいわけではない。こちらの顔が見えやすい営業という意味でも、地上戦をなくすことはできない。コツコツ数字が上がっていくからだ。

そのうえで言えば、収益を2倍、3倍としていきたければ、積極的に空中戦を取り入れるべきだ。スポーツチームの組織で働いたことのない人にとっては当たり前のことかもしれないが、これはスタイルの異なる両球団を経験して改めて思っていることだ。ブランディング戦略を練り、地上波のテレビとの連携、ニュース報道との連携、ＳＮＳの有効活用が大切になってくる。

スポーツビジネスの現場では、「チームと同じように営業も汗をかいて稼ぐのだ」といった考えかたがいまだに根強い。しかし、現場の正義に引っ張られ過ぎて、本当の意味で現場に必要な営業のスタイルが置き去りにされるのであれば、それはマイナスでしかない。

データは重要、されど踊らされず

プロ野球やJリーグは、試合のチケットをクラブ主導で販売するようになっている。昭和の時代のプロ野球は、スタジアムの窓口で前売り券を販売したものだが、今ではオフィシャルサイトでチケットが購入できるようになっている。Jリーグのクラブもパソコンやスマートフォンでの販売が主流だ。

Bリーグが開幕する以前のバスケットボール界は、チケット販売を「ぴあ」や「ローソンチケット」などのプレイガイドに委託していた。アウトソーシングなので手間はかからないし、プレイガイドは売るために宣伝もしてくれるのだが、チーム側の手元には「いつ、どこで、誰が、どのように、どの券種を何枚買ったのか」という個人情報が届かない。

Bリーグはスマートフォンのユーザーを顧客の中心に据えているが、中高生とビジネスマンでは使えるお金が異なる。同じビジネスマンでも、社会人1年目と10年目の人、既婚者と未婚者では趣味に使える総額が変わってくる。もっと言えば、同じ年齢の既婚者でも、住んでいる場所が違えばお金の遣いかたが変わってくる。

つまり、Bリーグが相手にする顧客は様々な価値観の持ち主なのだ。市場を細分化しながら顧客の好みを正確に把握し、その時々で最適な戦略を練っていくためには、自分たちでデータを蓄積し、分析し、顧客にアプローチするべきなのだ。

Bリーグは1つのIDで全36チームのすべてのサービスが利用できる。どのチームのチケットでも同じサイトで購入できるので、ユーザビリティがいい。蓄積したデータはチームにフィードバックしているので、チームはマーケティングに活用できたり、スポンサー獲得につなげたりできる。

帳簿上のメリットを挙げておけば、窓口を一括にすればカード決済などの手数料を安く抑えられる。それもチームにはメリットになる。

リーグ、チーム、ファンの三方良しになっているのだが、しかし、データですべての答えを出すのは個人的に居心地が悪い。ここは強調しておきたいポイントだ。

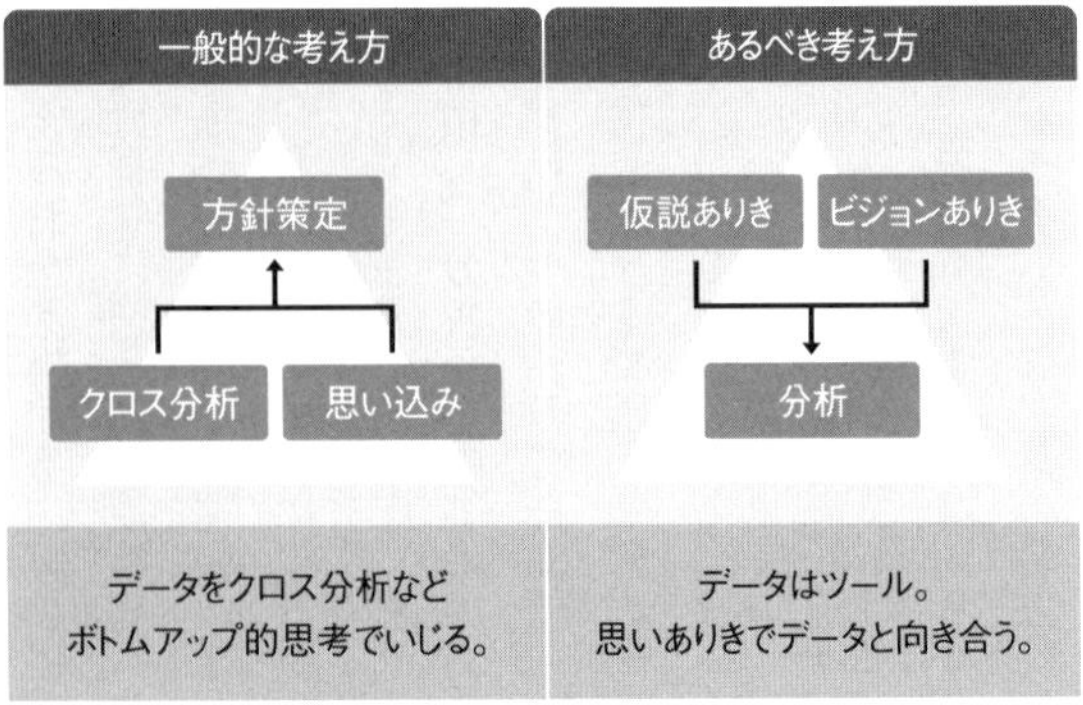

図13　データに対する考え方

たとえば、顧客がＢリーグのサイトにどこから入っているのかを調べるとする。私は統計学を大学時代に学んでいたのだが、パラメーターをちょっと変えたり、外れ値を調整してしまったりすれば、極論するとＡという結論にも、Ｂという結論にも自由に持っていくことができると思っている。そういう意味では「Ａ」になったから「Ａ」が正しいのではなく、自分たちは「Ａ」と「Ｂ」のどちらへ持っていきたいかという思いが大事なのだ(図13)。

ところが、データが「Ａ」という結論を出したら、「Ｂ」が意味を持たないかのような思考に切り替わってしまう人がいる。

グルメサイトのレビューは、その分かりや

すい例だろう。「レビューの数字が高いところは美味しい」と思い込んでお店を選び、提供される料理を「美味しい」と口にする。他でもない私自身も、お店選びで失敗をしたくないのでレビューを頼りにしている。レビューに踊らされてしまっているのだ。

自分以外の人たちの感想を拠《よ》りどころにすることが、本当に成功確率を上げることになるのだろうか。美味しさの本質を分かろうとしない行為だ、という気がする。自分で見極めるという力が、鈍くなっている。

物事を合理的かつ迅速に判断するのに、データを裏付けにすると合意を得やすい。しかしその裏側では、自分で判断する力がどんどん弱まっていく気がしてならない。

スポーツはエンターテインメントだ。興奮、スリル、熱狂、感動、歓喜といった人の心の揺れ動きを扱う。それら可視化できないものを仕事にしている者が、データに頼りきりでいいはずはない。楽しい、嬉しい、悲しい、切ない、美味しい、といったものを自分自身で感じ取るセンスを、いつも磨いておく必要があるのだ。

データが教えてくれるのは「過去」だ。ある人が「いつ、どこで、何を買ったのか」は未来でも繰り返されるかもしれないが、データだけでは読み取れないところにも注意を向けることが、データ本来の活用法なのだと思う。

プラン（Plan）、実行（Do）、評価（Check）、改善（Act）のＰＤＣＡのサイクルではデータを参考にするべきだろうが、たとえばＢリーグが２０１６年開幕戦などでＬＥＤコートをやろうとしたときに、実際にどのようなデータを見れば成功すると事前に分析できるだろうか。おそらくは難しい。

イノベイティブな試みに乗り出す際には、右脳が司る感覚が大切だ。想像力やひらめき、意外性といったものを発揮していかなければ、顧客をあっと驚かせることはできないだろう。

Ｂリーグはいつもデータ集めに必死になっていて、データこそがすべてのような仕事をしていると思われがちだ。私自身もデータは好きで、活用するタイプだが、ここ最近は自分の体質改善を意識している。

データ活用で自然な出会いを作り出す

データを集めることは業務効率化の手段であって、活用することが目的である。使うことが大事なので、「このデータからこんなことが読み取れる」と分析し、「この行動パターンにはこういう施策が有効では」といった仮説を立てる。「データがこうだからこうしよう」ではなく、自分たちの組織の信念に基づいて答えを探していくツール、という位置づけにするべきだ。

私自身がスポーツマーケティングの世界で目指したことを挙げると、趣味嗜好が同じ観客に近い席で観てもらう、というものである。

たとえば、千葉ジェッツのファンで、中心選手の富樫勇樹選手のファンが、近い席に集まって観戦できたら、彼の好プレーを一緒に楽しめる。オシャレなアシストが決まったらファン同士がハイタッチをする。あるいは富樫選手がファンが固まっている席に向けてウインクしたら、「アリーナに来て良かった」と感じてもらえるのではないだろうか。またそのエリアの近くに富樫選手のグッズを多めに置いたらよく売れるだろう。

スポーツ観戦ではホームチームはこちら、アウェイチームはあちら、といった整理のしかたが多い。ファン同士の動線を分けて、衝突を回避するためだ。

円滑な試合運営のために、必要な対策ではある。ただ、巨人ファンでも坂本勇人《さかもとはやと》選手のファンがいれば、菅野智之《すがのともゆき》選手のファンもいる。それならば、同じ選手を好きなファン同士が固まるような席の配置ができれば、スタジアムの熱狂度がより高まっていくだろう。

好きな選手でなくても、年齢が近いとか、同性同士とか、あるいは同じ沿線同士などでもいい。何らかの共通点を持った人や趣味嗜好が近い人たちが、当人たちに事前に気づかれない前提で近くに座れるようにしたい。あらかじめ分かってしまうと「ええっ……!?」と気持ち悪く感じる人もいるので、「さりげなく」がポイントである。

現代社会は人と人とのつながりが薄れている。他者とのつながりを求めない人もいると言われるが、スポーツは誰もが無理なくコミュニケーションをはかれるツールだ。スポーツコンテンツを制作する側がコミュニケーションツールとしての性格をきちんと織り込めば、観戦者同士のリアルなやり取りを質量ともに高めていけるはずだ。そのためには多種多様なデータを集め、正しく分析をしていく必要がある。

「生」の観戦スタイルにこだわりすぎない

スタジアムやアリーナなどで「生」で観てもらうことには、もちろん意味がある。そのメリットについてはChapter 03で詳しく触れたが、選手たちの息遣いや会場の熱気といったものは、その場所にいるからこそ感じ取れる。好きなチームや選手を応援して、選手が応えてくれるといった一体感は、ライブでしか味わえないスポーツの醍醐味でもある。

そのうえで言えば、ビジネスとして競技団体を運営していく立場の人間は、「生で観てもらわないといけない」という固定観念に縛られてはいけない。

可処分時間の選択肢は、昭和の時代とは比較にならないほど増えている。スポーツの結果は、スマートフォンで知ることができる。しかも、ライブで試合を追いかけられる。

２０１９年に日本で開催されたラグビーワールドカップを、スタジアムで観戦した。海外からもたくさんのファンが訪れ、素晴らしい雰囲気に身を置くことができた。

ただ、密集のなかのプレーはスタンドから分かりにくく、「今のはどうなったの」と口にしながらオーロラビジョンで確認していた。スタジアムにいながら、スマホで中継を見ている観客もいた。

スタジアムで観ることにも不便さはあるだけに、これからのスポーツ観戦には「ＶＲ」と呼ばれるバーチャルリアリティ（仮想現実）と、「ＡＲ」と略されるオーグメンテッド・リアリティ（拡張現実）が関わってくるだろう。ＡＲとは実在する風景にバーチャルの視覚情報を重ねて表示することで、目の前にある世界を〝仮想的に拡張する〟というものだ。バーチャルと言えばこれまではゲームとのつながりがほとんどだったが、これからは現実社会にも入り込んでくると予想する。ＡＲはスマホ向けのサービスとしても、実現のハードルは高くない。

スタジアムに来た人には、非日常の興奮を味わえる時間を提供する。

スタジアムに来られない人には、気軽に、かつライブ感覚で楽しんでもらう。両《りよう》睨《にら》みでのコンテンツ制作が、これからのスポーツビジネスには必要だろう。

スマホでスポーツを楽しむ

Bリーグはアリーナでも自宅でもない「第三の観戦スタイル」として、ライブビューイングを提案した。アウェイゲームの開催日にホームタウンのどこかで、ファン・サポーターが集まれる空間を作りたかった。

Bリーグの試合中継は、テレビではなくインターネット放送をファーストスクリーンにしている。ライブでも録画放送でも、テレビの前にいなければ観られないという場所の制約を取り払い、「いつでも、どこでも」スマホで気軽に観られることを特徴にしたからだ。

しかし、「いつでも、どこでも」は1人に限ったことではない。

私は、現代人のスポーツ観戦のニーズは2種類あると考えている。

つながりながらの観戦と、積極的ひとりぼっちの観戦だ。

野球やサッカーより得点シーンが多いバスケットボールは、１人観戦ではなく集団観戦が好まれることがデータから見えていた。パブリックビューイングの進化版としてのライブビューイングを定着させれば、アウェイゲームで収益を上げることができ、なおかつ「つながりたい」という欲求を満たせる。試合を観るという大義名分があるので、ライブビューイングはさりげなく人と一緒にいることができるのだ。

Ｂリーグをアリーナで観ると、チケット代だけで２０００円から３０００円ぐらいかかる。自宅にいながらスマホで観るならサブスクリプションで５００円、ＤＡＺＮなら最安値で９８０円といった感じだ。どちらにも属さない真ん中の層も存在するというのが私の考えで、平日の夜や週末の楽しみの１つとして、１０００円から２０００円ぐらいでバスケットボールを楽しむ、という人たちのニーズを掘り起こしたかったのだ。

コアなスポーツファンは、お金を払って試合会場へ足を運ぶ。コアファンを増やそう、チケットを売ろう、という考えは間違いではないが、日本はコアファン向けチケット販売絶対主義とでもいうか、ライトファンのエントリーモデルを構築するというより、コアファンをより濃いコアファンにしてしまう傾向が強い。

通信規格が３Ｇの時代は、試合の情報をテキストで速報するスタイルが主流だった。４Ｇになって動画をストレスなく観られるようになると、動画配信のプラットフォームが増えていった。

将来的なスポーツ観戦のスタイルとして、スマートグラスのような視覚装置を試合会場で使うアイディアもある。選手が立体的に観えたりするのだが、試合会場にはテレビでは味わえない空気がある。色、音、熱、匂いといったものは五感をフル活用して味わうほうが楽しいから、スマートグラスや類似のものを装着すると試合会場にいる意味が薄れてしまう。

むしろ、スポーツバーならスマートグラスを楽しむ需要がありそうだ。選手の細かな表情の変化をリアルに感じたり、試合会場にいるようなリアルさを味わえたりするなら、チケット代と交通費を考えればお得だ。ビール代もスタジアムよりスポーツバーのほうが安価だろう。

バスケットボールはまだしも、プロ野球やサッカーは座席から選手までが遠い。選手の表情が見たければ、双眼鏡で覗くしかない。もちろんスタジアムにもよるのだが、「ライブ感」や「リアルさ」を「スタジアムにいることで味わえる」とだけ定義するのは、もはや大雑把すぎる時代だろう。

一方、もう１つの積極的ひとりぼっちの観戦については、従来のスポーツ観戦とは少し異なるかもしれない。

スマートフォンで動画を楽しむ人は、好きな芸能人のＹｏｕＴｕｂｅをずっと観たりする。スポーツにおいても同じ楽しみかたは広がっていて、篠山竜青選手が好きな女性は彼の映像を繰り返し観る。インターネットカフェの個室で、１人こっそりとお気に入りの動画を鑑賞するのに似ている。

特定の選手を観たい人は、必ずしも試合を追いかける映像が欲しいわけではない。好きな選手のかっこいいプレーを見逃さないことが最優先事項なのだ。

テレビで水泳を見ていると、プールの中に世界新記録や日本新記録のラインが表示されている。現場にはもちろんない。テレビ視聴用の加工だ。タイムだけではどれぐらいのペースなのかを推測できない視聴者にも、記録を更新できそうかどうかが分かる。親切で分かりやすい。そして、競技に興味が湧く。

ヨーロッパのサッカー中継も、工夫を凝らしている。どちらのサイドから攻めているのか、注目選手がどれだけ走っているのかといった情報を、画面上にＣＧで載せている。スタジアムではつかめないデジタル情報を提供して、コンテンツの魅力を高めているのだ。

スポーツの消費のされかたは、それぐらい多岐にわたるという前提に立ったほうがいい。

サードプレイスとしてのスポーツ観戦

その一方で、数年前から「ネット疲れ」「ＳＮＳ疲れ」といった言葉が聞かれるようになった。ある一定期間はパソコンやスマホから離れる「デジタルデトックス」をする人もいる。２０２０年の新型コロナウイルスの感染拡大以降は、不要不急の外出は避けましょう、大人数での会食は避けましょう、大声での会話は控えましょう、という時代になった。反面、人との直接的なつながり、心の安らぎを求める人は確実に増えている。とりわけ、出社せずにテレワークを求められ、１人で過ごしている人は、職場とも自宅とも隔離された第三の居場所としてのサードプレイスを必要とする。

心身をリフレッシュする場所がスタジアムやアリーナであってほしいと願うが、実際はそこまで簡単ではない。スタジアムやアリーナなどに積極的に行かない人のために、私は、職場でも自宅でもない、サードプレイスに注目しているのだ（図14）。

スポーツ観戦が生活の大切な一部になっている人がいる一方で、日常生活の「主役」に位置づけていない人もいる。だとすれば、カフェやスポーツバーでくつろぎながら観戦するといった日常の「すき間」を埋めるツールにしてもらうべきだ。そういった消費が広がっていくような「見せかた」を、スポーツビジネスに携わる立場の人たちは考えていかなければならない。

スポーツ観戦を取り巻く日本の空気には、２０２１年の今でも「現場は○で他は×」といった白黒思考が貼りついている。

昭和の時代とは日本人のライフスタイルが変わっていて、「ウィズ・コロナ」でさらに多様になっているのだ。ひと括りにできないことが圧倒的に増えているのだから、「○」なのか、「×」なのかで論じるのは私たちの生活様式に合わない。

私がサードプレイスに着目したのも、「プロスポーツは主催試合で稼ぐ」という固定観念へのアンチテーゼだ。自分たちの主催でなくても、試合は行なわれている。それならば、相手側の主催試合でも、稼ぐ方法を考えていくほうが効率はいい。

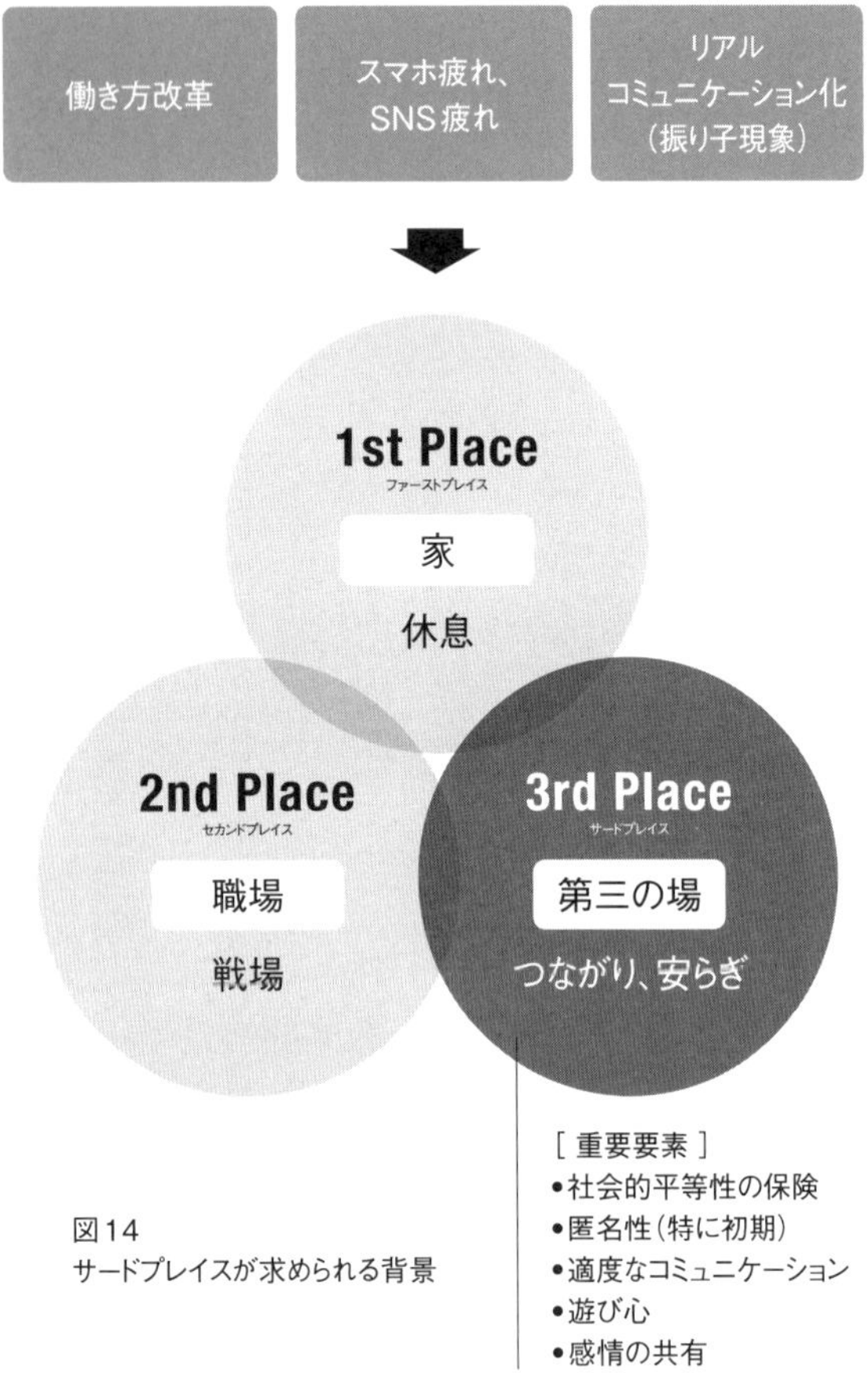

図14
サードプレイスが求められる背景

サブスクの可能性

ユーザーの消費志向では、サブスクリプションサービスも見逃すことができない。

定額料金を払うことで一定期間のサービスが保証される「サブスク」は、音楽の「聞き放題」や映画の「観放題」、服の「着放題」やバッグの「使い放題」、さらには英会話学校の「学習し放題」から車の「乗り放題」まである。

これだけ多くの業態が参入しているのだ。スポーツが当てはまらないはずはない。

サブスクは使えば使うほどお得になる。コストパフォーマンスに優れたビジネスモデルで、申し込みから解約までをスマートフォンでできるものが大半だ。手続きに時間と場所を選ばない気軽さも、付加価値となるサービスと言える。

スポーツイベントを含むサブスクは、すでに始まっている。

名古屋発の「ソノリゴ」は「ジャンルを超えた文化イベントを月額制で楽しめる」もので、音楽、スポーツ、伝統芸能、芸術イベントに、自分が選んだ金額設定の範囲内で何回でも足を運ぶことができる。東海エリアのプロ野球、Jリーグ、Bリーグ、そのほかのスポーツチームが対象に含まれている。

　Jリーグの名古屋グランパスエイトでは、サブスク経由の観戦は新規のユーザーが多かったという。

　スポーツ観戦のハードルは、一度目がもっとも高い。

　Bリーグの開幕初年度に観戦意向を調査したところ、「誘われたから来た」というスーパーライト層が多いことが分かった。それはつまり、「とにかく来てもらう」ことの難しさを表わしている。

　それまで自分の行動パターンに入っていないジャンルの余暇の過ごしかたで、なおかつそれほど興味のないものにお金を出すことには、誰だって慎重になるだろう。お小遣いが少なくなっているタイミングに重なったら、友人に誘われても断る人がいるはずだ。

　新しいラーメン屋ができても、馴染みのラーメン屋についつい足が向いてしまうのと同じ心理かもしれない。ささやかな冒険でも、ためらう人はいるものである。

　サブスクは低額だから、興味のないジャンルでも冒険にはならない。試合が面白くなかったとしても損をした気分にならないから、「一度ぐらい行ってみようか」という気持ちになれる。

観戦への動線が増えるのは、チームからすれば願ってもないことだ。サブスクの運営側から「どんな人が来たのか」のデータ提供を受けられるなら、マーケティングリサーチとしても価値が出てくる。

スポーツのサブスクは消費者にもチームにもメリットがあると考えるが、コア層が使い出すとチーム側のメリットは薄くなる。サブスクからの導入は増えたものの、シーズンチケットの売上げが落ちるというような状況は、チームからすると避けたいところだ。

「ソノリゴ」は文化イベントとスポーツを合わせたサブスクだが、私ならスポーツだけのサブスクを創る。プロ野球、Jリーグ、Bリーグの3つだけではなく、ラグビーのトップリーグ、野球の独立リーグ、サッカーの日本フットボールリーグ（JFL）、バレーボールのVリーグ、卓球のTリーグ、ハンドボール、グラウンドホッケー……マイナースポーツもパッケージに含める。

地域限定になってしまうが、アイスホッケーやカーリングなどのウインタースポーツを加えてもいい。「近所のあそこでやっているみたいだから、ちょっと行ってみる？」といった誘いかた、誘われかたが増えるのでないかと期待する。スポーツがサブスクに対応することで、観戦のハードルは下がる気がするのだ。

スポーツは「境界」を越える

サブスクのテレビＣＦを観ていると、10代から20代の若者に人気のタレントが起用されている。若い世代の取り込みに効果的なのだろう。

しかし、忘れてはいけないことがある。日本は超高齢化社会ということだ。

２０２０年１月公表の総務省のデータによると、「団塊世代」が含まれる65歳から74歳、その子ども世代に相当する40歳から54歳がボリュームゾーンとなっている。30代から20代は台形を逆さにしたように減っており、少子高齢化がはっきりと読みとれる。

今どきの高齢者はとてもお元気だ。お子さんはすでに自立していて、住宅ローンも払い終わったという人は、可処分所得にも余裕がある。趣味や教養に時間とお金をかける人は多いので、スポーツだって接点さえあれば観戦に来てくれるだろう。

だからといって、高齢者をメインターゲットに据えるのは現実的でない。Ｂリーグは若者の観戦を前提とした。情報収集はテレビやパソコンではなくスマホで、ＳＮＳでの発信やシェアに積極的、なおかつ流行に敏感な人たち、としている。

そのうえで、私は一回当たりの購買枚数がマーケティング上もっとも重要な経営指標だと思っている。平均すると2枚のところを３枚、４枚にしていく取り組みが重要だということだ。街中に１人で歩いている人を４組見つけてアリーナに来てもらうよりも、誰かが３人誘ってアリーナに来てもらったほうが、チーム側にとっては何十倍も効率が良い。

誘い合うのは、家族でも、会社の同僚でも、部活の友だち同士でもいい。あえて言うなら子どもが両親やおじいさん、おばあさんを誘って来てくれるといいな、と思う。Ｂリーグの会場では若い女性のグループやカップル、制服を着た学生たちが多いが、そのなかにお父さん、お母さん、お子さんの３人連れや４人連れを見かけると、その人たちの試合後の風景が思い浮かぶ。

アリーナから最寄り駅への道のりでは、終わったばかりの試合について話しているかもしれない。電車のなかではゲームデープログラムを読み返したり、スマホで試合の映像をチェックしたりしながら話題が弾んでいるかもしれない。一緒に観て一緒に興奮したものについては、語り合うのが自然だ。

自宅で食卓を囲む家族にとって、共通の話題は何だろう？

子どもたちの学校内のこと？　思春期や反抗期になると、子どもは自分のことを喋りたがらないものだ。そもそも今は、食事中のテーブルにスマホを置いている。親子の会話が最初から成り立っていないのかもしれない。

映画や音楽？　世代によって趣味嗜好が分かれる。記録的な興行収入をあげた『鬼滅の刃』はちょっと例外的な存在だ。

「Ｏｆｆｉｃｉａｌ髭男ｄｉｓｍ」の世界観に、お父さんやお母さんが共感できるだろうか。おそらく、難しい。反対に、おじいさんやおばあさんが演歌について語っても、子どもたちはなかなかついていけないだろう。子ども同士ならゲームが共通の話題になるが、両親世代はともかく祖父母の世代はアレルギー反応を起こしそうだ。

そうやって考えていくと、世代を越えたコミュニケーションツールとして最後まで残るのは、スポーツになりそうだ。

スポーツはルールこそ少しずつ変わっていくものの、フレームは変わらない。野球のピッチャーの役割は、時代が昭和でも、平成でも、令和でも、基本的には同じだ。バスケットボールのポイントガードは、10年後も20年後も「コート上の監督」と言われているに違いない。

２０１９年のラグビーワールドカップの開催期間は、日本中がラグビー一色に染まった。ビジネスのミーティングや打ち合わせでは、「昨日の試合、すごかったね」が枕詞《まくらことば》になり、電車に乗っていても、カフェでひと息ついていても、居酒屋で飲んでいても、聞こえてくるのはラグビーの話題だった。おじいさんとおばあさんとその孫たちが、同じ空間で同じ話題を共有できるツールとなっていた。スポーツには家族の関係性を深める機能がある。

言いかたを変えると、スポーツには世代を飛び越えていく力がある。

バスケットボールのマンガとして誰もが知っている『スラムダンク』は、少年ジャンプに連載されていたのが１９９０年から１９９６年だが、２０２１年の学生にも確実に読まれている。同じ少年ジャンプに２００９年から２０１４年まで連載された『黒子のバスケ』も人気だが、バスケットボールファンを対象に調査をしたところ、『スラムダンク』のほうが認知度は高かった。連載当時とはバスケットボールのルールが変わっていても、登場人物がスマホを使っていなくても、競技の本質を突いた作品は読み継がれていくのだろう。

スタジアムやアリーナで実際に行なわれている試合にも、時代を、世代を越えて訴えていく力がある。エキサイティングでスリリングな勝負は、ファンの間で語り継がれていく。

Ｂリーグのチャンピオンシップファイナルが近づいてくれば、「２０１９年の千葉ジェッツ対アルバルク東京の試合はすごかったよね」「第４クォーターの千葉の追い上げはすごかったよ」といった会話が交わされて、アルバルク東京がわずか2点差で勝利した試合を多くのファンが思い出す。翌年もファイナルが近づいてくれれば、「２０１９年の千葉対東京の試合は……」と振り返られていく。

スポーツというコンテンツは、劣化しないのだ。

もっと大きな視野に立てば、スポーツは社会課題を解決する。

育児や子育て、介護、医療などの社会福祉に関わる課題は、スポーツに隣接するものが少なくない。それぞれのホームタウンに根ざしたクラブチームが地域連携のハブとなって、試合というコンテンツを提供するだけでなく、人々の生活に入り込んでいってもいいだろう。

スポーツチームは、プロかアマチュアかを問わず、身体操作と身体機能のスペシャリストと言っていい集団である。チームの練習後に選手がインストラクターとなってストレッチ教室を開いたり、競技の特性を生かしたスポーツ教室を開いたりすれば、運動不足の解消、生活習慣病の予防、メンタルのリフレッシュなどの手助けができる。身体を動かすことに目覚めた人が、食生活を見直すといった副次効果も見込めるだろう。

何よりも、スポーツを通して世代を越えたふれあいの輪を広げることができる。家族には相談できない悩みを打ち明けられる存在が見つかって、子育てや介護の苦労を分かち合えたり、負担を軽減する手立てが見つかったりするかもしれない。

スポーツは国と国との橋渡し役にもなれる。

国際的に敵対する当事国同士がスポーツで対戦したら、それぞれの観衆はブーイングを浴びせ合うかもしれない。しかし、選手同士が殴り合いをすることはない。あくまでもルールのなかで戦い、試合前と試合後には握手をする。その光景は、当事国の人々に何かを訴えかけるだろう。

日韓関係や日中関係の緊張感が高い状態でも、スポーツ選手やアーティスト同士は交流を深めることができる。そうやって民間レベルで良好な空気が流れることで、さらなる関係悪化を抑止している効果はあるはずだ。

だから私は、スポーツを大切に扱っていきたい。スポーツのポテンシャルは、今現在私たちの目に見えているものよりも、もっと、ずっと大きいのではないかと考えている。

Chapter 06

FUTURE

―アフター・コロナとスポーツ―

シーズン佳境での決断

突如として出現した未知なる強敵に、スポーツはどうやって立ち向かうべきなのか。

２０２０年２月26日、Ｂリーグは２日後の28日から３月11日にかけて開催を予定していたＢ１リーグ戦、Ｂ２リーグ戦の開催延期を発表した。計99試合が対象だった。新型コロナウイルス感染拡大への対策だった。

Ｂリーグが延期を発表する２日前、Ｊリーグが３月15日までの試合延期を明らかにしている。新型コロナウイルスの感染対策に関する国の専門家委員会が、「今後１～２週間が瀬戸際」との見解を示したからだった。

３月９日にはＪリーグとＮＰＢによる「新型コロナウイルス対策連絡会議」が立ち上げられ、ＮＰＢはその日の午後に３月20日開幕予定のプロ野球開幕を延期すると発表した。

ＪリーグとＮＰＢが協調したことは、広く支持を得た。とくにＪリーグの素早い判断は、その後のスポーツ界の指針となっていった。

この時点でのスポーツイベントの開催については、２つの判断があった。

延期か、無観客で開催するのか、である。

Ｊリーグは Ｊ１、Ｊ２が開幕節を終えたばかりで、Ｊ３はまだスタートしていなかった。延期となればスケジュールを組み直したり、販売済みのチケットの扱いを検討したりと、事務的な作業に追われる。ただ、新しいシーズンは動き出したばかりで、スケジュールにはまだ余裕がある。そのぶんだけ、延期という判断を下しやすかった。

ＮＰＢは開幕前だった。２０２０年シーズンのカレンダーは１枚もめくられていないから、こちらも延期したうえで対策を練る時間を持つことができていた。

それに対してＢリーグは、シーズンの佳境に差しかかっていた。

延期に伴う最重要課題は、アリーナの確保だった。市民体育館などは文字どおり市民のための公共施設だ。平日の夜にママさんバレーを楽しむみなさんに、「Ｂリーグが延期になったので使わせてください」とは言えない。延期したらなかなか試合会場を見つけられない、というクラブが出てくるのは必至だった。

全クラブがすぐにアリーナの再確保を見通せない以上、レギュラーシーズンの残り試合を消化し、Ｂ１の優勝を決めるチャンピオンシップ、Ｂ１・Ｂ２入れ替え戦などのポストシーズンの試合を終えるという選択肢を、簡単にあきらめることはできなかった。

そこで、3月14日以降の試合を、無観客で実施することにした。

しかし、14日に予定されていたB1の川崎ブレイブサンダースとレバンガ北海道の試合が、直前で中止された。北海道の3選手に発熱が見られたためだった。

翌15日もB1の1試合が中止となった。会場到着時に定めている検温で、審判員の1人から37・5度の発熱が確認されたからだった。

翌16日からBリーグ、選手会、各クラブで改めて議論を進めた。プレーする選手、観戦に訪れるファンの安心・安全、さらには世間の感染対策との足並みを考えると、延期でも無観客でもない決断をするしかなかった。Bリーグはレギュラーシーズンの残り試合とポストシーズンの中止を、段階的に決定していった。この当時、私は基本的にリーグではなく協会の仕事をしていたのですべての流れを把握していたわけではないが、協会から見ていても概ね致しかたない流れととらえていた。

アメリカのMLSは、再開後のリーグ戦をフロリダ州で集中開催した。全26チームを一ヵ所に集め、移動を減らすことで感染リスクを抑えた。

2019年のラグビーワールドカップで、台風による試合の中断があった。大会組織委員会は中止になったチケット代を払い戻ししたが、その支えとなったのが興行中止保険だった。

Bリーグも同種の保険には加入しているが、適用範囲は自然災害などによる中止だ。新型コロナウイルスの感染拡大は、保険の適応範囲に含まれていない。中止によってリーグもクラブも大きな痛手を負うことになったが、選手は心理的不安を抱えているだろうし、それではいつものプレーはできない。プロスポーツの興行たる要件を、満たせないことになる。

分断と結束

新型コロナウイルスの感染拡大を防ぐ意味で、中止という選択肢は許容されるものだったと思う。自分が感染しない、周りの人を感染させない、という姿勢は、貫かれていくべきものだ。

正直に明かせば、私自身は当初「プロスポーツの興行はできる限りやったほうがいい」という意見にも揺さぶられた。自分たちが感染しない、周りの人を感染させない、という基本姿勢を否定するつもりはないが、「スポーツを観たい」という人はいたと思う。4月に入って緊急事態宣言が発令され、自粛ムードが一気に高まっていくと、「こんな時だからこそ、スポーツがあったらな」という声を聞くようになった。できる限りの感染防止対策を講じたうえで興行をしていくのも、スポーツに課せられた役割の１つではないだろうか、といった自問自答は続いた。

そんなことを考えていた時に、Ｊリーグの村井《むらい》満《みつる》チェアマンをテレビで観た。Ｊリーグは6月27日にＪ２、Ｊ３を無観客でスタートさせ、それを受けて29日にニュース番組に出演していた。

村井チェアマンは「新型コロナウイルスは分断を仕掛けてくる存在ととらえていた。相手が分断を仕掛けてくるのなら、徹底的に結束しようという考えで臨んだ」と話した。

実に的確な表現だと感じた。

スポーツの起源を紐解くと、生活のための狩猟からはじまり、身体訓練や軍事訓練の意味合いを経てゲーム性が加味されていったと言われている。そこからエンターテインメントの１つとして発展していったが、１９８４年のロサンゼルスオリンピック以降はビジネスとしての価値を生み出すものととらえられてきた。

ウィズ・コロナ、アフター・コロナの時代の、スポーツの位置づけとは？

私は、社会をつなぐもの、と考える。社会連携のための極めて重要なツールとしてだ。

自分の生活圏でスポーツを楽しむ、スポーツで身体を鍛える、といった世界観から、今後は社会をつなぎ合わせていくツールとしての価値を増大させていくと思う。

不特定多数の人が集まる懇親会などで、初対面の人にどんどん話しかける日本人がどれぐらいいるだろうか。外国人に比べると少ないというのが、多くの人にとっての実感に違いない。「中締め」という習慣も、途中で退席したい人への配慮から生まれたものだ。

ところが、ボールが１つあると異なる現象が起こる。まったくの初対面でも、言葉が通じなくても、パスを交換すれば笑顔が広がる。身振り手振りを使って、コミュニケーションをはかるようにもなる。

観戦しているファンも同じだ。隣に座っている人が同じチームを応援していたら、誰だって悪い気はしないものだ。「きっかけさえあれば話してもいいな」と思っているはずで、試合が始まって応援に熱がこもってくると、シュートが決まった瞬間にハイタッチをしたりする。だから私は、データをうまく活用して属性の同じファンを近くに座らせたいと考えたのだ。

人と人をつなぐツールとして、スポーツが持つポテンシャルは我々が考える以上に大きい。人と人がつながることでスタジアムやアリーナに一体感が広がり、もっと言えば世の中が豊かになっていく。

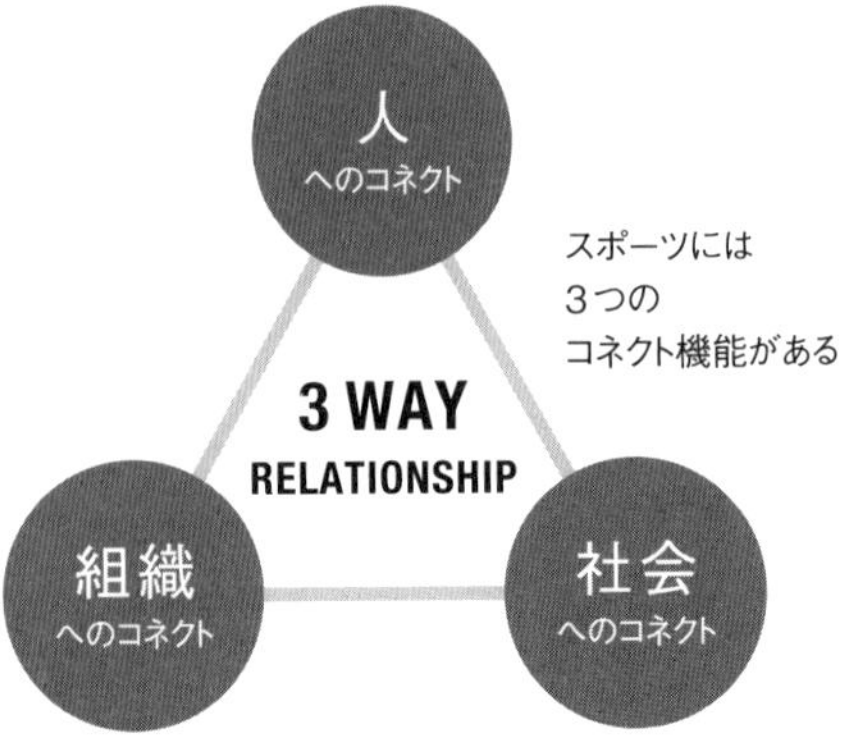

図15　スポーツの本質的価値

スポーツの本質的な価値とは

現在にふさわしいスポーツの本質的価値を、「3 WAY RELATIONSHIP」という言葉で表現したい（図15）。

人と人をつなぐ――。

音楽も同じ力を持つ。一緒に歌うと心が通う。宗教は連帯感を高める。共通の趣味としてのゲーム、映画、読書なども人と人をつなぐが、そのなかでもスポーツはもっともシンプルだ。

組織と組織をつなぐ――。

いくつかのプロリーグやチームでは、スポンサー同士の交流会を開催している。スポンサー同士の相互理解と連帯感を高め、親睦と交流をはかりながら、それぞれの事業の広がりを目的としたもの……こうやって書くと堅苦しくなってしまうが、スポーツには清潔感があるので、企業も集まりやすいのだ。

社会と個人をつなぐ――。

Ｂリーグは「B.LEAGUE Hope」と称して、ステークホルダーとともにさまざまな社会的責任活動を推進している。自分たちでもできるＳＤＧｓ《エスディージーズ》を進めていこうという考えで、「プラネット」「ピース」「ピープル」の３つの領域で活動している。プラネットは地球環境や循環型社会を、ピースは平和や防災を、ピープルはダイバーシティ&インクルージョン、健康、働きかたなどを、それぞれ活動のテーマとしている。

ＮＢＡには「ＮＢＡケアーズ」がある。２００５年に立ち上げられた社会貢献プログラムで、リーグ、チーム、選手が三位一体となってドネーションを集め、奉仕活動を行なってきた。

ＢリーグスタッフがＮＢＡオールスターの視察に行った際には、ステフィン・カリーが「ＮＢＡケアーズ」に参加していた。

アメリカのスポーツ専門チャンネル『ＥＳＰＮ』が発表する世界でもっとも有名なアスリ

ート「ワールド・フェイム100」の2019年版で、現在33歳のカリーは9位にランクされている。NBAの選手では2位のレブロン・ジェームスに次ぐ。そんな世界的スーパースターの彼が、雨が打ちつける屋外で子どもたちと遊具を作ったり、遊んだりしていた。数分間のデモンストレーションではない。恵まれない子どもたちのために、雨合羽を着て活動していた。

カリーらのNBAプレーヤーには、社会問題の解決にスポーツが役立つという自覚があるのだろう。自分たちの発信力をSNSでの交流に生かすだけでなく、社会を変える力にしたいと考えているのだ。

彼らは人権問題や人種問題にも心を砕く。

2020年8月に、黒人の男性が警官に銃撃された。この事件が起こったウィスコンシン州に本拠を置くミルウォーキー・バックスが、抗議の意を込めてリーグ戦をボイコットした。MLBでもミルウォーキーを本拠とするブルワーズが、同じ理由で試合を延期した。

自分たちは社会の構成員であり、社会に貢献するとの意識が、NBAやMLBの選手には文化として定着している。ファンも分かっているから、「NBAケアーズ」に参加中のカリーを取り囲んだり、サインを求めたりはしない。NBAケアーズとはそれぐらい特別なものなのだ、という文化がある。

Bリーグで働いていた当時、私はよく考えていた。はたして自分は何のためにスポーツビジネスを仕事としているのか？

マーケットが大きくなっていくのは、競技の持続的成長のために必要な条件だ。しかし、その先に「プロ野球のように年俸数億円の選手を何人も出す」とか、「オリンピックのバスケットボール競技で金メダルを獲る」といった未来図を描いているわけではなかった。スポーツが社会に良い影響を与えるツールになることこそが目的なのだ。

社会課題や地域課題を解決したいとなった時に、スポーツチームは具体的な解決策を持っていない。その代わりに、所属選手を介して「今はこんな問題がある」と世の中に発信することができる。

解決策を持っているのは地域、行政、NPOなどだ。社会情勢に照らした解決方法を、彼らは生み出すことができる。しかし、発信力には乏しい。問題解決の費用も、十分に持っているとは考えにくい。

お金を用意できるのは企業だ。彼らは発信機能でチームに、問題解決機能で地域や行政に劣るものの、資金面から支援することはできる。

「NBAケアーズ」は、まさにこの三位一体のモデルだ。お金を出す人、解決する人、発信する人の役割分担ができあがっている。

アフター・コロナ時代のキーワード

ウィズ・コロナ、アフター・コロナの世界は、ウイルスという外圧によってパラダイムシフトが起こるだろう。コロナ問題はいつか解決するかもしれないが、新種のウイルスが発生するかもしれない。今回私たちが学ばなくてはいけないのは、これからの時代、ウイルスに限らずまったく想定していないことが起こり得るということだ。これまで私たちが当然のことと考え、受け入れてきた価値観が、ドラスティックに塗り替えられていくだろう。そのなかでの社会的キーワードを、『アフターコロナ　見えてきた7つのメガトレンド』（日経BPムック）に依拠しながら、以下の6つにまとめてみたいと思う。

①共通の敵の出現

我々の生活は、絶えず敵を作っている。目の前の敵を倒したら次の敵に立ち向かうといったように、誰かと競争することが成長エンジンになっているところがある。人間が本質的に備えている「性《さが》」と言ってもいい。

ところが、新型コロナウイルスという全世界共通の敵が出現した。国同士、地域同士、宗教観が異なる同士で戦っている場合ではなくなった。

全世界的にコロナに打ち克《か》つためには、どんな社会にしなければならないのか。そのために自分たちの国は、地域は、何をしなければならないのか。新型コロナウイルスは社会的結束を生むきっかけを生み出したと思う。

②コミュニティへの渇望

新型コロナウイルスの感染を防ぐという観点から、人と人との関わりは限定的になっている。しかし、対面で会えるのが家族と会社の同僚だけでは、気持ちが満たされないものだ。友人や知人と気軽に会うこともままならず、個と個が分断された社会での生活を強いられることで、友だちともっと深く関わりたい、社会とつながりたい、といった欲求が高まっていく。

自分で自由に使えるお金に不自由しなくて、インターネットでいくらでも買い物ができて、食事は宅配で頼むことができても、人とつながりたいという渇望は満たされない。最後に頼れるのはお金ではなくてコミュニティだ、という考えが広がっていく。

③サイバーとフィジカルの融合の加速

狩猟社会、農耕社会、興行社会、情報社会に次ぐ第五の社会として、政府は「ソサエティ５・０」を提唱してきた。デジタル革新を最大限活用した新たな未来社会という位置づけで、もう少し具体的に言うと、サイバー空間（仮想空間）とフィジカル空間（現実空間）を高度に融合させたシステムにより、経済発展と社会的課題の解決を両立する社会を指す。情報化社会はサイバー空間とフィジカル空間の間に人間の判断が介在していたが、「ソサエティ５・０」では人間の代わりに人工知能（ＡＩ）やロボットが２つを結び付ける。

安倍政権の時代にキャッチフレーズとして登場してきたものだが、ＡＩやロボットが実現のカギになると言われていたこともあり、新たな未来社会の到来をすぐに予感させる雰囲気は広がっていなかっただろう。ところが、新型コロナウイルスという絶対的な制約条件を課せられ、構想レベルから実装フェーズへ急発進していかざるを得なくなった。

技術革新のスピードよりも社会のニーズが先行していくなか、言ってみれば投手がブルペンで肩を温める間もなくマウンドに立つことになったなかで、「ソサエティ５・０」に我々はどのように折り合いをつければいいのだろうか。現状ではまだ見通しがついていないと感じる。

④ワークスタイルの変化

賃料の高い東京都心を離れて、東京近郊もしくは地方へ移転する企業が出てきた。通勤に片道１時間以上もかけ、満員電車に押し込められなくても、仕事に支障のないことが明らかになったからだ。ウィズ・コロナからアフター・コロナのフェーズへ移っても、地方への移転はもちろん移住も進んでいくと思われる。

勤怠管理のとらえかたも変わっていくだろう。

「働き方改革関連法」が施行された２０１９年４月以降、事業主にはより厳正な勤怠管理が求められるようになった。長時間労働による健康障害、サービス残業の回避などを目的としたものだったが、自宅で働くテレワークでは出退勤の時間、勤務時間、休憩時間などを直接的に管理できない。「上司の目が届かないところでは部下は手を抜くものだ」とか「営業中に喫茶店で休憩するものだ」といった性悪説に基づいた運用ではなく、「自宅でもノルマを消化していく」という性善説に立った運用になる。これもまた、「働く」ということの意義を考えるきっかけになりそうだ。

⑤貧富の格差が拡大

求職者１人に対して何件の求人があるかを示す有効求人倍率は、新型コロナウイルスの感染拡大をきっかけに右肩下がりとなっている。休業や廃業をしたり、採用を絞ったりしている企業（商店）が増えていると推測される。

また、２０２０年９月の中間期決算では航空業や輸送業を中心に純損益が赤字の企業が激増した。東証一部に上場する企業の６割以上が、新型コロナウイルスの影響で業績が悪化したと答えている。

社員でも先が見通せないのだから、非正規労働者の立場はさらに不安定だ。生活維持が困難となり、貧富の格差が拡大していくだろう。

テレワークが推奨されるようになってから、「家でも仕事はできるよね」という声を多く聞いた。しかし、「テレワークなら誰もがバリバリ仕事できるようになる」わけではない。仕事が速い人と遅い人はいるし、もっと言えばできない人はテレワークでもできないものだ。

突き詰めて考えていくと、仕事のできる人間はウィズ・コロナ、アフター・コロナでも儲かっていくし、できない人間はどんどん置いていかれる。これはもはや、プロスポーツの世界と同じだ。

非正規労働者や年金受給者、ひとり親家庭などをどうやって支えていくのか。そこでは、社会全体のフェアネス（公平さ）が論点となりそうだ。さらに言えば、社会全体のプロフェッショナル化が進んでいってもおかしくない。

⑥不確実性の時代への覚悟

新型コロナウイルスの感染拡大は、ワクチンや治療薬が開発されれば収束するかもしれない。しかし、すぐにまた新しいウイルスが発生する可能性がある。自然災害、異常気象、テロなどのリスクも付きまとう。日本について言えば、地政学的に地震、大雨、台風などの自然災害と常に向き合うような状況だ。

ウィズ・コロナの今だけでなく、この先も我々は先の読めない時代を生きていかなければならない。アフター・コロナになればバラ色の世界が待っている、というわけではないのだ。

そのなかで、個人は、企業は、どうやって社会と向き合っていくのか——これは大きなテーマである。

スポーツのパラダイムもシフトする

それでは、この6つの社会的キーワードは、スポーツにはどのような変化を促していくのだろうか。

①「共通の敵の出現」は——

スポーツとSDGsのつながりを発展させるだろう。

持続可能な社会を作っていくために、スポーツが果たすべき役割はこれまで以上に重要なイシューとなった。スポーツの社会貢献、地域貢献は、これまでならホームタウンの商店街を回ったり、保育園や幼稚園などを訪問したり、といったふれ合いや交流に力点が置かれていた。チーム側には選手を身近に感じてもらい、親近感を醸成して観客動員へつなげていくという意図があっただろう。

プロスポーツのクラブに期待されるソーシャルイシューは、これからはSDGsが掲げる17の大きな目標やその具体的なターゲットに重なってくる。

たとえば、「すべての人に健康と福祉を」という目標に対してなら、選手のコンディショニングなどのノウハウが当てはめられる。ノウハウの直接的な提供だけでなく、「貧困をなくそう」「飢餓をゼロに」といった目標をメッセージとして発信してもいい。ホームタウンが海に近いチームなら、「海の豊かさを守ろう」という目標は身近に受け止めてもらえる。物事を伝え、広めていけるスポーツの力を、もっともっと活用していくのだ。

②「コミュニティ化への渇望」は――

人、組織、社会にコネクトするファンクションとして、スポーツが位置づけられていくということだ。

ウィズ・コロナなど想像もできなかったオリックス勤務当時に、婚活イベントを企画したことがある。チケットを買ってオリックスの試合を観戦してもらい、試合後に男女がレストランで交流できるようにした。それだけでは一般的な婚活パーティーと差別化をはかれないので、運動会をつけた。試合後のグラウンドで、大玉転がしやリレーを楽しんでもらった。

これが効果抜群だった。みんなで力を合わせるので、それまでぎこちなかった人と人の距離が一気に近くなった。

男性20人、女性20人のパーティーだったのが、驚くなかれ17組ものカップルが誕生した。オリックスファンという共通点はあるものの、スポーツの力を強く実感したものだった。

私がオリックスファンで実施したこの婚活パーティーは、勝ったら盛り上がる、負けたら盛り上がらない、という種類のものではなかった。ウィズ・コロナでコミュニティへの渇望を高めている人たちのなかには、同じように勝ち負けではなく共感を大切にする割合が増えていると考えられる。

「外出できない、友だちに自由に会えない」といったストレスを、「巨人に勝ったぞ！」というように勝ち負けで発散するスタイルは、もちろんこれからも廃《すた》れることはないだろう。しかし、共感を大切にするマーケティングがより重要度を増していくはずだ。

③「サイバーとフィジカルの融合の加速」は——

スポーツ×ＤＸの構造が一気に進んでいくと予想する。

個人的に座りが悪いと感じるのは、視聴コンテンツの一律料金だ。いい映像を観たい、いい情報を集めたい、いいデータを揃えたい、というリクエストに対しては、サービスが階層化されていいはずだ。

スポーツ専門の動画配信サービス「ＤＡＺＮ」は、「月額１７５０円（税抜）で１３０以上のスポーツコンテンツを年間１００００試合以上配信」とうたう。野球、サッカー、Ｂリーグ、モータースポーツ、テニス、アメリカンフットボール、総合格闘技、ダーツ、ｅスポーツ……たしかにコンテンツは豊富だが、「そんなにたくさん観られない」という人がほとんどではないだろうか。

また質的観点においても、すべて画一的な設計で、カメフ数の多さ、情報の多さなどでよりサービスが多岐にわたり、それにより価格差が生じる世界になっていくだろう。チケットの世界もひと昔前までは単純に内野指定席、外野自由席ぐらいしか種類がなかったが、今は多種多様なチケットがあり、様々な価格が設定されている。同様にＯＴＴの世界も今後は細分化されていくだろう。

ウィズ・コロナでは、スタジアムやアリーナでの生観戦が制限された。アフター・コロナで制約が全面的に解かれても、どこまで観客が戻ってくるか。

ＯＴＴがこれだけ手軽になっていて、新しい観戦スタイルが生まれている。試合会場でも自宅でもないサードプレイスに対応したサービスが、求められていくのは間違いない。そのうえでコミュニティ化への欲求を満たすには、双方向のコミュニケーションが必要になるだろう。

新型コロナウイルスの感染拡大の第一波に襲われていたさなかに、アーティストがライブを配信した。大きなアリーナに舞台を組み、照明も音響も演出もお客さんを入れる際と同じ空間を作り出した。

感染予防対策をしたうえでライブを配信したのは、コロナ禍の人々に楽しみを与え、勇気づけることになったと思う。ただ、イノベイティブかといえば、疑問符がつく。誤解を恐れずに言えば、ＤＶＤ観賞と変わらない。

今まさにやっているのだというライブ感、リアル感は、エンターテインメントのコンテンツでは大切にしなければならない。そのなかで、ＯＴＴでも現場にいるような興奮が味わえる、参加している感を得られる、といった付加価値が欲しいと思う。

ウィズ・コロナのスポーツ観戦で、リモート応援が広がった。スマートフォンなど専用アプリ経由でサイトにアクセスすると、「応援」や「拍手」といったボタンが出てくる。タップした人数に応じた音量で、スタジアムのスピーカーから歓声や拍手の音が流れるというものだ。「好きなチームを一緒に応援できている」という連帯感を味わうこともできるが、さらに一歩進んで仲がいい友だちの声だけが聞こえるコミュニティが作れたら面白いだろう。

また、キャッシュレス化も進んでいく。新型コロナウイルスの感染拡大以前から、スーパーマーケットやコンビニエンスストアにはセルフレジが導入されている。店員の負荷軽減やお客さんの会計待ち時間の短縮を見込むものだが、紙幣や硬貨のやり取りをなくすことで感染を予防することが目的なのは明らかだ。

お金を払う、お釣りをもらうというやり取りを省略する動きは、あらゆる場面に広がっていくだろう。

④「ワークスタイルの変化は」――

テレワークが定着した社会で、スポーツビジネスの動員ターゲットは明確に変わる。

平日の集客はこれまで、ビジネスマンを意識していた。仕事帰りに観戦しやすい料金設定や団体割引などを売り出してきた。

残業が1時間あってからでも来られるように、試合開始時間を少し遅らせるチームがあったりした。

しかし、仕事帰りのビジネスマンが、今は街に少ない。残業をするビジネスマンも減ってきている。

平日の動員ターゲットを、どこに置けばいいのか。どのスポーツでも苦しみそうだ。

プロスポーツの収入源は放映権、チケット、スポンサー、グッズの４つが大きな柱になっている。自分たちの頑張りが反映されやすいのはチケットだ。努力したぶんだけ売れるわけではないが、努力をしなければチケットの売上げは伸びない。

プロ野球のパ・リーグ各球団は、チケット収入増に力を注いできた。ところが、ウィズ・コロナの２０２０年は無観客、上限５０００人、収容人数の50パーセントまでと、シーズンを通してスタジアムの収容人数をフル稼働できなかった。チケットを売るために真面目にやってきたチームほど、大打撃を受けることになった。

スポーツビジネスに携わる者としては、アフター・コロナになっても多方面のリスクが気になる。自然災害のような自分たちでは背負いきれないリスクが増えていることに、我々はもっともっと敏感であるべきだ。

リスクに襲われて大打撃を受けないためにも、チケット収入だけに依存するのはリスクが高いかもしれない。観客動員だけではなくＯＴＴや第三の収益源確保へ。不確実性の高い時代に入っていくなか、ポートフォリオが極めて重要になる。

⑤「貧富の格差が拡大」は――

自由にお金を使える人と、財布を開くことに慎重な人の二極化は、コロナ禍によってさらに進んでいった。スポーツビジネスにおいては、可処分所得が多い人向けのチケットと、余暇に使うお金が限られる人に向けたチケットを、それぞれに作っていくことになるはずだ。

とはいえ、「パレートの法則」に則ると、売上げの８割は全顧客の２割が生み出していることになる。競技の種類を問わずに高価格帯のチケット種類が増え、その一方でこれまでなら敬遠されていた激安チケットが登場してもおかしくない。チケット価格のレンジは、拡大していくだろう。

同時に、新型コロナウイルスの感染拡大前は動員数重視だったＫＰＩは、客単価重視になっていくだろう。お客さんを１・５倍に増やすのではなく、客単価を１・５倍にする経営になっていく。そのためには、チケットの値段を上げるだけでなく、グッズの売上げを伸ばしたり、リピート数を上げたりするための対応を講じていく必要がありそうだ。

ウィズ・コロナ、アフター・コロナをきっかけに変わってほしいなと思うのは、プロ野球の試合時間である。

試合時間が長ければ、選手も、関係者も、観衆も、ウイルス感染のリスクが高まる。２０

19年のNPBの平均試合時間は、3時間16分だった。それに対して高校野球は、2時間から2時間半と言われている。同じ9イニング制の競技で、プロ野球は高校野球より1時間も試合時間が長いのは、論理的な説明がつかない。

SNSで流れている動画は、ちょっとでも長いと観てもらえない。TikTokが全世界的に支持を広げていったのも、15秒から1分ほどの短尺動画だからだ。

時間という概念に対する考え方を、スポーツも見直すべきだと思うのである。

⑥「不確実性の時代への覚悟」は——

私が考えるのは、責任企業モデルへの回帰だ。

1990年代以降の日本では、社会人スポーツチームが次々と消滅や解体に追い込まれた。このため、スポーツを親会社の業績と切り離そう、親会社に頼り過ぎてはいけない、というアンチ親会社の考えが主義思想のように広がっていった。

ウィズ・コロナのなかで、プロスポーツは手痛い傷を負っている。チームの「自助」に限界が生じたらすぐにリーグが「共助」するのではなく、親が子どもの面倒を見るような親会社の「互助」を経てから「共助」というのが、社会の仕組みとしても自然ではないかと思う。

親会社に寄りかかることは「スポーツに疎《うと》い人の現場介入を許すのでは」との危惧をかき立てる。私もそれはダメだと思う。ただ、苦しい局面では親会社の援助を受け、収益が回復したら援助された資金を返すのは、悪いことではない。

親会社からの支援と介入を区別したうえで、シナジー効果を実現していく。不確実性の時代においては、親会社から「自立」することの真の意味を、改めて問い直していくべきだろう。

志を持つ

ウィズ・コロナの時代になり、私たちは様々な制約のなかで生活している。

そこで大切なのは「志」だと思う。

社会の構成要員としての私たちは、「したいこと」「できること」「しなければならないこと」の3つを抱えている。「したいこと」は趣味で、「できること」は特技だ。「しなければならないこと」は仕事である。

仕事だから「夢の実現」ではない。自分のためではなく社会のために働くのであり、そこでは楽しさよりも厳しさを感じることが多い。

　これからのスポーツは、チームやリーグで働く人も、選手も、スポーツを「しなければならないもの」の延長線に位置づけていくべきだ。「スポーツはエンターテインメント」と言われてきたが、単なるエンターテインメントだけで終わらせてはいけない。ＣＳＲと呼ばれる企業の社会的責任と同義のソーシャルレスポンシビリティが、リーグとしてチームとして社会とどのように関わっていくのかが、ウィズ・コロナ、アフター・コロナの時代では大事になっていく。

　社会的な制約を受けたなかで人々の生活を潤いのあるものとし、社会課題を解決する機能も果たしていくことが、スポーツの価値だと思うのだ。

EPILOGUE

これからスポーツビジネスを目指す君へ

スポーツに携わる仕事がしたいと思ったのは、中学3年生の時だった。

夜中に「週刊ベースボール」の『プロ野球全選手名鑑』をめくっていて、NFLのチームでトレーナーをしている日本人の記事を見つけた。

その瞬間、頭のなかにランプが灯った。

プロ選手でなくてもスポーツでご飯を食べていけるのだ！

大学受験はスポーツ生理学を勉強できる早稲田大学の人間科学部を志望した。模擬試験は毎回A判定で、試験の感触もまずまずだったが、合格発表で自分の受験番号を見つけられなかった。浪人して翌年また人間科学部を受験した。

今度も模擬試験は毎回A判定だったが、まさかの2年連続不合格だった。スポーツの神様は自分に振り向いてくれない。これ以上親に迷惑はかけられないので、合格した理工学部に進学した。

大学2年生になると、「スポーツビジネス」という言葉を聞くようになった。「あっ、これだ」と思った。しかし、当時のスポーツの世界は、選手はもちろん球団で働く人材も大学の体育会系出身者で占められていた。理工学部の学生とはかけ離れたジャンルである。同じ学部の先輩に「卒業したらスポーツビジネスをやってみたいんですよね」と話したら、頭のなかいっぱいに疑問符が浮かんでいるような顔をされた。

だからといって挫《くじ》けることはなく、理工学部のキャンパスがある東京の高田馬場から、人間科学部のある埼玉県の所沢まで行って、スポーツ関連の授業をこっそりと聞いたりしていた。

卒業後は大学院へ進み、夏からフランスの経営大学院に1年間留学した。ヨーロッパでスポーツがどこまで文化として根づいているかを感じてみたかった。経営大学院で勉強しながらもスポーツ業界への憧れが変わることなく、スポーツマーケティングコンサルタントの鈴《すず》木《き》友也《ともや》さんにフランスからメールをした。スポーツマネジメントと言えば必ず名前の出てくる高名な方で、「スポーツに関わる仕事がしたいのですが、卒業後すぐに進むべきか、まずは違う業態で働くべきか悩んでいます」と相談をしたのだった。

何のゆかりもない大学院生からのメールである。無視されてもおかしくないはずだが、鈴木さんはお返事をくれた。

そこには「スポーツ業界は未成熟なので、まずはコンサルティング会社などに入ってスキルセットを磨いたらどうですか」と書かれてあった。スポーツ関連で仕事を探そうとしても、出てくるのはスポーツアパレルぐらいなのだ。鈴木さんの意見に深くうなずいた私は、大学院を修了後、アメリカのコンサルティングファームに就職した。

自分の足跡を改めて振り返ると、社会人としての第一歩は間違っていなかったと胸を張れる。

競技団体で働く人には、その競技が好きな人、その競技に打ち込んできた人が多い。そういう人は、意見の衝突を避ける傾向がある。

好きな仕事だから辞めたくないのか。それとも、ずっとその競技に打ち込んできたので他の仕事はできないと考えているからなのか。理由は分からないが、それぞれが言いたいことをぶつけ合う雰囲気に遠く、立場の強い人の提案が体育会系のノリで決定事項になっていく。そんな光景を何度も見てきた。

スポーツ歴は高校までで、それも野球無名校の補欠だった私には、スポーツ界での上下関係もしがらみもない。何よりも、コンサルティングファームでスキルセットをしたおかげで、

「もしスポーツから離れても、何とか生きていける」と考えることができた。

「好き」と「仕事」を必要に応じて切り離すのは、とても、とても重要だ。そうでないと、自分の意見を主張できない。「間違っている」と思うものに対して戦えないのだ。

これから社会へ出ていこうとする人には、「スポーツの世界に急いで飛び込む必要はない

ですよ」と話す。20代だからできるビジネス経験、30代のうちに身につけるべきビジネススキルといったものはあるが、業界はいつでも選ぶことができる。まずは特定のスキルセットを極めて、そこから好きな業界へ行ったほうが、結果的に自分のやりたい仕事に深く関わることができる。圧倒的な武器を携えることで、たくさんの道が開けてくる。

学生のみなさんには、もう1つ言い添えることがある。「自分のやりたいことを発信し続ける」大切さだ。

私自身の経験を明かすと、やりたいことを言い続けたことで、何となくでも人生はそちらへ流れていった。誰かが助けてくれる。恥ずかしがらずに言ったもの勝ちだ。

文部科学省の外局としてスポーツ庁ができたのは、２０１５年10月だった。スポーツに対する世間一般の意識が変わっているのは確かだが、それは全体的かつ抽象的にそう見えるだけで、協会、リーグ、チームが劇的に変わったかというと、私はまだ変わっていないと感じている。

華やかさとか賑やかさはマーケティングによって演出されたもので、もう10年ぐらい前から日本のスポーツは停滞しているというのが私自身の実感だ。進んだところがまた戻っている。特に、今回取り上げたトピックの中でも「ガバナンス」は、進化しているようで実態は大きく変わっていない。日本のスポーツビジネスが世界に通用しない理由の大半はここに起因する。

Ｂリーグで働いた５年間で、自分が組織に根づかせることのできたものが１つだけあると思っている。

「BREAK THE BOADER」の行動指針だ。

２０２０年６月に大河《おおかわ》正明《まさあき》チェアマンが退任した際にも、「BREAK THE BOADER を忘れるな」と、送別会を開いてくれたリーグスタッフに言っていた。１ヵ月後にＢリーグを離れた私も、彼らに「BREAK THE BOADER はＢリーグの魂だから、ずっと忘れないでほしい」と伝えた。

「BREAK THE BOADER」が意味する行動指針は、「そこそこでいいのか？　いや、突き抜けようじゃないか」ということだ。そのために何をしなければいけないのかを考えた時に、拠りどころになるのが「立ち止まるな、変化を恐れるな、常に変革を求めろ、壁をぶっ壊せ」といったマインドなのだ。

Ｂリーグがいつだって革新的、などと言うつもりはない。しかし、スポーツ界全体がもう少しマインドを変えてほしいのだ。どの競技でもコピー＆ペーストが多いし、リスクに対してセンシティブにすぎる。前例にとらわれるな、常識とされているものを疑え、突き抜けていくぞ、といった考えかたや空気感は、マーケティングや戦略よりもはるかに重要なのである。


幸せの定義とは何だろう。そんなことを、ずっと考えてきた。

お金をたくさん稼ぐことなのか。

名誉ある地位に就《つ》くことなのか。

あの人はすごい、といった名声を得ることなのか。

お金をたくさん持っていても、地位も、名声も、命が尽きる瞬間には何の役にも立たない。

幸せな人生を送れたかどうかは、人生の幕を下ろす瞬間に自分自身が何を感じるかで決まる、と私は考える。

人間は2種類に大別できる。

「すごいね」と言われて喜ぶタイプと、「ありがとう」と言われて喜ぶタイプだ。

私は「ありがとう」と言われることに喜びを感じるタイプだ。「すごいね」と言われたら気持ちがいいし、自己顕示欲もそれなりにあるが、それでもやはり感謝の言葉を聞くと胸が温かくなる。そういう自分はどんな仕事をしたいのかと考えた時に、真っ先に思い浮かぶものがスポーツだった。

どんな仕事を選ぶのかは、働くとは何か、生きるとは何か、という自分なりの定義に紐づいてくる。人生の最期に「やり切ったな」という気持ちと、「ありがとう」と言われた黄金色の記憶を抱くことができているなら、私はきっと笑顔で瞼《まぶた》を閉じることができるだろう。

新型コロナウイルスに襲われる以前の世界で、スポーツは「あることが当たり前のエンターテインメント」だった。今日観ることができなくても数日後、1週間後にまた試合が行なわれる。スポーツを消費することは、特別な行為ではなかった。

ウィズ・コロナで外出の自粛を求められた私たちは、「あることが当たり前のエンターテインメント」を楽しめなくなってしまった。目の前の景色から色が失われ、SNSでは心が満たされないと知った時、スポーツへの飢えを自覚した。トップアスリートのパフォーマンスを観ることで心が躍り、苛立ちや悲しみを鎮《しず》めることができた日々への思いを募《つの》らせていった。それはつまり、スポーツがいつの間にか日本人の生活の一部となっていることを示していたということだ。

アフター・コロナの時代は、スポーツがもっと価値あるものになってほしい。新型コロナウイルスによって分断されてしまった私たちの社会を、共感と同意によって希望を抱けるものにしていきたい。スポーツがその役割を担うために、私はこれからもスポーツに関わっていきたいと思っている。

もちろん、1人でできることには限りがある。

だから、スポーツに関わる人たちの輪を広げていきたい。

1人の100歩より、100人の一歩のほうが、動きはダイナミックになる。

1人の1000歩より、1000人の一歩のほうが、変革のベクトルは大きくなる。

私と、あなたと、あなたの友だちと、そのまた友だちと一緒に、日本のスポーツビジネスの新たな1ページを創っていきたいのだ。

おわりに

最後に、今回このような貴重な機会をいただいた光文社の田頭晃さん、そして編集協力をいただいた戸塚啓さんに深い感謝をこの場でお伝えさせていただければと思います。本当にありがとうございました。

葦原一正

葦原一正（あしはらかずまさ）

1977年生まれ。スポーツビジネスコンサルタント。早稲田大学大学院理工学研究科修了。戦略コンサルティング会社アーサー・D・リトル・ジャパンに入社。2007年にオリックス・バファローズに入社。2012年、新規参入した横浜DeNAベイスターズを経て、2015年、公益社団法人ジャパン・プロフェッショナル・バスケットボールリーグに事務局長として入社。国内男子プロバスケットボールリーグ「B.LEAGUE」を立ち上げ、3年でリーグ売上10倍（50億円）、入場者数50％増（260万人）に。2020年、株式会社ZERO-ONE設立。スポーツビジネスを中心としたコンサルティングを開始。

日本《にっぽん》のスポーツビジネスが世界《せかい》に通用《つうよう》しない本当《ほんとう》の理由《りゆう》

2021年2月28日初版1刷発行

著　者 —— 葦原一正

発行者 —— 田邉浩司

装　幀 —— アラン・チャン

印刷所 —— 萩原印刷

製本所 —— ナショナル製本

発行所 —— 株式会社光文社
東京都文京区音羽1-16-6（〒112-8011）
https://www.kobunsha.com/

電　話 —— 編集部03（5395）8289　書籍販売部03（5395）8116
業務部03（5395）8125

メール —— sinsyo@kobunsha.com

落丁本・乱丁本は業務部へご連絡くだされば、お取替えいたします。

 ISBN 978-4-334-04524-1